Kohlhammer

Praxiswissen Bildung
Herausgegeben von
Peter J. Brenner

Bernd Ahrbeck

Der Umgang
mit Behinderung

Verlag W. Kohlhammer

© 2011 W. Kohlhammer GmbH Stuttgart
Umschlagmotiv: © Anja Greiner-Adam – Fotolia.com
Gesamtherstellung:
W. Kohlhammer Druckerei GmbH + Co. KG, Stuttgart

ISBN 978-3-17-021561-0

Inhalt

Vorwort

Dieses Buch beschäftigt sich mit dem pädagogischen, vornehmlich schulischen Umgang mit Menschen, die eine Behinderung aufweisen. Bereits diese Formulierung ist nicht ganz unproblematisch: Der Behinderungsbegriff, auf dem eine spezielle pädagogische Förderung basiert, umfasst sehr unterschiedliche Beeinträchtigungen, die sich zumindest auf den ersten Blick nicht zwanglos unter diese Kategorie subsumieren lassen. Körperliche und geistige Behinderungen, Schwerhörigkeit und Gehörlosigkeit, Blindheit und Sehbehinderung stehen neben sprachlichen Behinderungen, solchen des Lernens und Störungen, die im Bereich der sozial-emotionalen Entwicklung anzusiedeln sind. Mit dieser Aufzählung deutet sich an, wie sehr die dahinter stehenden Problemlagen variieren. Sie können an modifizierbare oder unveränderliche organische Bedingungen gebunden sein, vom gelungenen oder misslungenen Einsatz technischer Hilfsmittel abhängen und entscheidend durch äußere Barrieren beeinflusst werden. Bei anderen Betroffenen spielen diese Faktoren keine oder nur eine geringe Rolle. Ihre Beeinträchtigungen spiegeln im weiteren Sinne ein soziales Schicksal wider, zum Beispiel als Folge eines geringen sozio-kulturellen Anregungsmilieus wie bei den meisten lernbehinderten und vielen sprachbehinderten Kindern. Schüler mit Verhaltensstörungen bilden eine davon abzugrenzende Gruppe: Im Mittelpunkt ihrer Beeinträchtigung steht eine ungelöste innere Problematik, aus der ein problematisches Verhalten resultiert. Häufig sind auch sie besonderen sozialen Belastungen ausgesetzt. Insofern ist der gängige sozialrechtlich gefasste Behinderungsbegriff weit gespannt, er umfasst auch Phänomene wie seelische und chronische körperliche Erkrankungen. Letztlich handelt es sich um einen „gesetzes- und verwaltungstechnische[n] Begriff", der „verteilungspolitischen Zwecken dient" (Bleidick 2006, 80).

Wie sich Behinderungen in der Lebensspanne entwickeln, hängt unter anderem von der sozialen Einbettung dieser Personengruppe ab. Vor allem sozial und psychologisch geprägte Behinderungen können endgültig überwunden werden. Viele organisch bedingte Behinderungen führen bei entsprechender Förderung zu relativ geringen Einschränkungen im weiteren Leben, sofern die benötigte äußere Assistenz verfügbar ist und ein wirkungsvolles Eingliederungsbemühen besteht. Andere Gruppen behinderter Menschen sind ihr Leben lang in einem starken Maß auf Hilfe und Unterstützung angewiesen, ein selbständiges Leben können sie nur begrenzt führen.

Die Frage nach den Möglichkeiten und Grenzen von sozialer Teilhabe und Partizipation ist deshalb von großer Bedeutung – im vorschulischen ebenso wie im schulischen und nachschulischen Bereich. Menschen mit einer Behinderung sollen so wenig wie möglich in eine soziale Randposition gebracht werden, die sie beeinträchtigt und schädigt. Darin besteht Einigkeit. Sehr unterschiedliche Auffassungen existieren allerdings darüber, wann und unter welchen Bedingungen dies der Fall ist. Den Hintergrund dafür bildet ein erheblicher Spannungsbogen, der keine einfachen Lösungen zulässt. Auf der einen Seite steht das Gleichheitsprinzip, das sich auch auf Kinder mit Behinderungen erstreckt, auf der anderen Seite das Faktum ihrer Besonderheit.

Die mit großer Emphase vorgetragene Forderung nach Integration von Kindern mit Behinderungen dominiert die öffentliche wie fachliche Diskussion seit langem. Mit dem Begehren nach Inklusion ist inzwischen eine neue Leitidee hinzugetreten, die zu einer umstandslosen schulischen Gemeinsamkeit aller Schülerinnen und Schüler führen soll, möglichst ohne institutionelle Differenzierungen. Sie beruft sich unter anderem auf internationale Deklarationen wie die „UN-Konvention über die Rechte von Menschen mit Behinderungen" (2006), die weltweite Geltung beanspruchen. Die gesellschaftliche Stellung von Schülern mit Behinderungen wird damit zum entscheidenden Thema. Das gemeinsame schulische Lernen nimmt einen entsprechend hohen Stellenwert ein – niemand soll mehr ausgeschlossen werden. Allerdings darf sich dann auch niemand mehr, und das ist die Kehrseite, aus diesem System entfernen.

Integration und Inklusion unterscheiden sich auf elementare Weise: Während in der Integration Kinder mit Behinderungen im Mittelpunkt des Interesses stehen, führt die Inklusion – in ihrer radikalen Fassung – zu einer grundlegenden Umorientierung. Behinderung gilt nur noch als eine Form der Besonderheit, die im Rahmen einer fast unendlichen Vielfalt des Menschlichen auftritt. Beispiele dafür sind das Geschlecht, die ethnische und soziale Herkunft, Armut oder Reichtum, religiöse Zugehörigkeit, sexuelle Neigungen, Körpergewicht. Menschen mit Behinderungen verlieren dadurch an gezielter Aufmerksamkeit; sie werden unbedeutender, mutieren zu einem nebensächlichen Phänomen. Das ist ausdrücklich so gewollt.

Damit ist eine Entwicklung eingeleitet, über die bisher nur unzureichend kritisch reflektiert wurde. Die Gefahren, die sie beinhaltet, sind erheblich. Sie resultieren aus einem einseitigen – oder sollte man sagen: einem halbierten – Blick auf behinderte Menschen, der sich auf ihre soziale Situation und die äußere Lebensrealität dieser Personengruppe fixiert. Die Person selbst mit ihren inneren Schwierigkeiten und Konflikten wird dadurch zu einem Randthema. Vor allem tritt sie in ihrem Eigenwillen zurück, in ihrer Sperrigkeit, in jenen Formen der Besonderheit, die eine tiefgehende, über das Alltägliche hinausgehende Auseinandersetzung erfordert. Der allfällige und gut gemeinte Verweis auf die Normalität des Andersseins greift dabei ebenso zu kurz wie die Forderung nach Anerkennung von Vielfalt.

Um das Rubrum „Es ist normal, anders zu sein" plädieren radikale Vertreter des Inklusionsbegehrens für eine Auflösung klassischer Behinderungskategorien. Mit der Begründung, diese Begriffe seien auf unerträgliche Weise etikettierend und diskriminierend, ihr Gebrauch führe eindeutig und ausschließlich zu schädigenden Folgen. Dieses Argument erstreckt sich auch auf andere, weniger grob gefasste, feiner verästelte Kategorien, die sich fachspezifisch mit persönlichen Besonderheiten beschäftigen. Stattdessen sollen Problemlagen gelöst werden, die sich nicht mehr primär am Individuum festmachen. Systemische Fragen geraten somit in den Mittelpunkt des Interesses, die Person selbst in den Hintergrund.

Die Anerkennung von Anderssein und Vielfalt wird allerdings dann zu einem schalen Unternehmen, wenn dem Anzuerkennenden zuvor der begriffliche Boden entzogen worden ist. Wie soll man in der pädagogischen Arbeit Menschen mit Behinderungen anerkennen, die primär auf ihre soziale Stellung und ihr (vermeintlich) weltweites Gruppenschicksal reduziert werden? Wie soll man ihnen – über das Gutmenschliche hinaus – achtend begegnen, wenn sie nur noch als ein diffuser Teil einer abweichenden Vielfalt in Erscheinung treten? Anerkennen kann man nur das, was man kennt. Schwieriges anzunehmen

9

ist nur dann möglich, wenn man um das Schwierige weiß. Dazu gehört ein geschulter Blick auf die schulische und außerschulische Lebenssituation der betroffenen Kinder und gleichermaßen eine Achtung vor den schwerwiegenden Lebenseinschränkungen, vor der Last und dem Leid, die mit Behinderungen verbunden sein können. Es bedarf einer Hinwendung zur Person in ihrer lebensgeschichtlichen Einmaligkeit, unter Achtung ihrer speziellen inneren Situation und möglicher ungelöster innerer Verstrickungen. Vor allem ist die Einsicht vonnöten, dass hier komplexe, oft in sich widersprüchliche Problemfelder vorliegen, die einer kenntnisreichen, oft hoch elaborierten Antwort bedürfen.

Ein fachspezifisches Beispiel mag dies verdeutlichen. Zu den schwierigsten pädagogischen Aufgaben, an denen Lehrerinnen und Lehrer häufig scheitern, gehört der Umgang mit massiv verhaltensgestörten Schülerinnen und Schülern. Zumal dann, wenn eine aufgeheizte aggressive Problematik im Vordergrund steht, die sich vornehmlich nach außen, mitunter aber auch gegen die eigene Person richtet. Die dahinter stehenden Beweggründe sind, etwa bei jugendlichen Gewalttätern, oft schwer verstehbar. Sie weisen weit über ihr soziales Schicksal hinaus und erfordern eine gezielte Auseinandersetzung mit den verinnerlichten Lebenserfahrungen dieser Personen. Ihre ungelöste innere Konflikthaftigkeit muss deshalb zum pädagogischen Thema werden, gemeinsam mit der daraus resultierenden Beziehungsdynamik und den ihr folgenden sozialen Inszenierungen. Ohne Rückgriff auf einen anspruchsvollen Theoriekorpus wird dies nicht gelingen. Und auch nicht, ohne dass über unzureichende persönliche Kräfte und bestehende Defizite, krankhafte Einschränkungen und mitunter auch Pathologie gesprochen wird. Eine diffuse Anerkennung der Person, die von ihren tragischen Verstrickungen nicht weiß, ist dazu ein denkbar schlechter Berater. Ebenso wie ein abstraktes Normalitätstheorem und eine Dekategorisierung, die den Betrachter begriffs- und fassungslos vor diesen Phänomenen stehen lassen. Ein unspezifischer, allenfalls mit einer alltagspsychologischen Begrifflichkeit untersetzter Zugang kann einer übertriebenen Angst vor Etikettierung und Diskriminierung Rechnung tragen; hilfreich für die betroffenen Kinder wird er nicht sein – auch wenn er sich seiner ideologischen Korrektheit rühmen mag.

Das gilt gleichermaßen für Kinder, deren Behinderungen in anderen sonderpädagogischen Fachdisziplinen aufgehoben sind. Auch sie zeichnen sich, bei sehr unterschiedlich gelagerten Fragestellungen und Problematiken, durch eine anspruchsvolle Komplexität aus, die keine Simplifizierung erlaubt.

„Von den Stärken der Kinder ausgehen", so lautet eine gängige Losung, die in der Wertehierarchie der Sonderpädagogik seit längerem einen hohen Rang einnimmt. Der Ressourcen-Ansatz ist das entsprechende wissenschaftliche Referenzsystem dazu, das von Inklusionsbefürwortern freudig aufgenommen wird. Er soll zu einem grundlegenden pädagogischen Wandel führen und garantieren, dass Kinder mit Behinderungen und ihr soziales Umfeld auf eine neue Art und Weise wahrgenommen werden. Nicht mehr Schwächen und Defizite sind demnach von pädagogischem Interesse, sondern das, was die Beteiligten bereits können, ihre versteckten Potenziale und verborgenen Kräfte, kurz: ihre Ressourcen. Dem wird die „Defizitorientierung" der bisherigen Sonderpädagogik gegenüber gestellt: Sie habe sich, so lautet der Vorwurf, überwiegend, wenn nicht gar ausschließlich mit dem Unzureichenden und Nichtvorhandenen beschäftigt. Sie gelte es nunmehr endgültig zu überwinden – gestützt auf die feste Überzeugung, Kinder mit Behinderungen könnten dadurch vor Vorurteilen und negativen fachlichen Bewertungen geschützt werden. Der Blick auf die Ressourcen genießt eine so hohe Priorität, dass er häufig zur einzig legitimen Wahrnehmungshaltung erklärt wird. Von individuellen Schwächen, unzureichenden Potenzialen und vorhandenen Defiziten darf deshalb kaum noch gesprochen werden, fast so, als existierten sie nicht mehr. Hilfsbedürftigkeit und Ohnmacht, Angewiesensein und Leid werden in der Folge zu Themen, die an den Rand des fachlichen Diskurses geraten.

Damit liegt eine einseitige, mitunter sogar spaltend anmutende fachliche Ausrichtung vor, die zu einer unschönen Simplizifierung pädagogischer Sachverhalte führt. Sie trivialisiert die inneren Lern- und Entwicklungsbedingungen von Kindern ebenso wie die ihres schulischen und außerschulischen Umfeldes. Die pädagogische Beziehung reduziert sich auf eine Dimension, die durch die Auseinandersetzung mit vorhandenen Stärken und leicht weckbaren Potenzen geprägt ist. Die Überforderungen, die sich daraus für beide Seiten ergeben, sind absehbar, und auch, dass die Qualität der pädagogischen Arbeit dadurch zu verarmen droht. Eine kritische Auseinandersetzung darüber ist bisher nur selten erfolgt.

Eine Reflektion über das Verhältnis von Besonderheit und Gleichheit, Vielfalt und Differenz kann nicht nur anhand leitender Begrifflichkeiten geführt werden. Sie bedarf auch einer unaufgeregten Betrachtung der Gegebenheiten vor Ort. In diesem Sinne wird zunächst über schulisch relevante Behinderungsformen berichtet, eine Bestandsaufnahme der institutionellen Rahmenbedingungen der pädagogischen Arbeit vorgenommen und Veränderungen im Versorgungssystem skizziert. Eine Analyse ausgewählter empirischer Untersuchungen zur Integration und Inklusion schließt sich an. Sie ergibt, bei teils widersprüchlicher Ergebnislage, ein sehr differenziertes Bild. Mit unterschiedlichen Beschulungsformen sind, wie gezeigt wird, jeweils spezifische Vor- und Nachteile verbunden. Ein durchgängiger Vorteil eines einzigen Systems für alle Schülergruppen lässt sich nicht verzeichnen, auch wenn dies kontrafaktisch bildungspolitisch gern behauptet wird. Es wird deshalb dafür plädiert, institutionelle Fragen pädagogischen Notwendigkeiten unterzuordnen. Dazu bedarf es eines institutionell differenzierten Systems, das unterschiedliche pädagogische Settings zulässt und fördert. Dass eine integrative Beschulung immer dann bevorzugt werden sollte, wenn sie der Entwicklung des Kindes wirklich dienlich ist, steht dabei außer Frage. Die entscheidende Größe ist jedoch die Qualität der pädagogischen Arbeit vor Ort: Sie wird zurzeit durch fachlich bedenkliche Entwicklungen ernsthaft gefährdet. Und auch durch eine mitunter ideologisch geprägte Ansprüchlichkeit, die a priori zu wissen glaubt, was für jedes einzelne Kind gut ist.

Die hier aufgeworfenen Themen bedürfen einer weiterführenden Auseinandersetzung, die im Folgenden anhand einiger besonders prononcierter Beiträge zur Integrations- und Inklusionsdebatte geführt wird. Diese mitunter ein wenig extrem anmutenden Positionierungen und Desiderate ermöglichen es, potenzielle Entwicklungen deutlich herauszustellen. Um die ihnen innewohnenden Gefahren klar zu benennen, bedienen sich die vorliegenden Ausführungen einer deutlichen Sprache. Sie spitzen ihrerseits zu, sind jedoch gleichermaßen von der Absicht getragen, eine integrierende Mitte im fachlichen Dialog dort wieder herzustellen, wo er verloren zu gehen droht.

1

Personengruppen, Institutionen und fachliche Ordnung

Behinderte Menschen gibt es, solange die Geschichtsschreibung zu-
rückblickt, in Ausformungen, die uns bis heute bekannt sind – etwa
Blindheit, Gehörlosigkeit, körperliche oder geistige Behinderung.
Aber erst mit der Aufklärung entstand das Bemühen um eine pädagogische Förderung, mit recht unterschiedlichen Entwicklungslinien,
je nach Art der Behinderung. Bereits im 18. Jahrhundert finden sich
Schulklassen für Taubstumme und Blinde, Ende des 19. Jahrhunderts
dann auch solche für körperbehinderte und lernbehinderte Kinder,
gefolgt von einer breiten institutionellen Differenzierung nach der
Jahrhundertwende mit Schulen für sprachbehinderte, sehbehinderte,
schwerhörige und verhaltensgestörte Kinder. Die schulisch am längs-
ten vernachlässigte Gruppe bilden Kinder mit einer geistigen Behinderung, die in den alten Bundesländern erst seit den 1970er Jahren
flächendeckend beschult werden. Noch ein Jahrzehnt später erfolgte
eine Beschulung von Kindern mit schwerer und mehrfacher Behinderung.

Diese Entwicklung korrespondiert mit einem wachsenden wissenschaftlichen Interesse für die genannten Personengruppen, vor dem Hintergrund einer disziplinären Ausdifferenzierung und der Zuordnung einzelner Behinderungen zu spezifischen Wissenschaftssystemen. Schulische Institutionen sind in der Folge entstanden, teils mit erheblicher zeitlicher Verzögerung, mitunter aber auch der wissenschaftlichen Entwicklung vorauslaufend.

Die sonderpädagogische Lehrerausbildung ist in Deutschland in einem hohen Ausmaß spezialisiert und professionalisiert. Fast alle Bundesländer bieten sonderpädagogische Studienstätten mit unterschiedlichen Fachrichtungskombinationen an, wobei nur ein geringer Teil der Ausbildungsorte über das gesamte Fächerspektrum verfügt. Nur wenige andere Nationen kennen eine derartige wissenschaftlich fundierte Differenzierung mit eigenständigen universitären Ausbildungsgängen und einer entsprechend hoch qualifizierten Ausbildung. Dennoch reichen die vorhandenen Kapazitäten nicht aus: Eine bemerkenswerte Anzahl von Lehrerstellen, die sich sonderpädagogischen Aufgaben widmen, sind nicht mit einschlägig qualifizierten Mitarbeitern besetzt. Die einzelnen Bundesländer variieren diesbezüglich erheblich.

Als sonderpädagogische Förderschwerpunkte sind von der Kultusministerkonferenz (2010) benannt:

- Emotionale und soziale Entwicklung (früher: Erziehungsschwierige)
  Dieser Förderschwerpunkt konzentriert sich auf eine (Nach-)Erziehung von Kindern und Jugendlichen, die in der Regel aufgrund einer ungelösten inneren Problematik erhebliche Verhaltensprobleme aufweisen. Sie bedürfen in einem besonderen Maße einer persönlichen Zuwendung. Häufig ist eine Kooperation mit außerschulischen Einrichtungen wie der Jugendhilfe notwendig.
- Geistige Entwicklung (früher: Geistigbehinderte)
  Die Förderung dieser Personengruppe weist einen starken lebenspraktischen Bezug auf, mit dem Ziel, dass Fähigkeiten erworben werden, die ein weitgehend eigenständiges Leben ermöglichen. Häufig ist eine über die Schulzeit hinausgehende, lebenslange Betreuung und Unterstützung unerlässlich.

- Hören (früher: Gehörlose und Schwerhörige)
  Diese sehr heterogene Gruppe soll kommunikativ darauf vorbereitet werden, dass sie an der Welt der Hörenden und ihren kulturellen Errungenschaften partizipieren kann. Neben der Beherrschung der Lautsprache spielt, bei einer Teilgruppe, auch die Förderung gebärdensprachlicher Kommunikation eine wichtige Rolle. Sie kann für eine Identitätsbildung unerlässlich sein.
- Körperliche und motorische Entwicklung (früher: Körperbehindertenpädagogik)
  Die sonderpädagogische Förderung dient der Ausweitung von Wahrnehmungs- und Handlungsmöglichkeiten zu einer möglichst selbständigen Lebensgestaltung, unter Nutzung spezieller Hilfsmittel. Eine psychologische Auseinandersetzung mit den eigenen Möglichkeiten und Grenzen ist in diesem Förderschwerpunkt von besonderer Bedeutung.
- Lernen (früher: Lernbehinderte)
  Kinder und Jugendliche, die besondere Schwierigkeiten im Lernen aufweisen, bedürfen einer speziell auf ihre Lernsituation abgestellten Vermittlung unterrichtlicher Inhalte. Wichtig ist dabei, dass ihnen anregende Erfahrungsräume zur Verfügung gestellt werden und sie auf ein ermutigendes Lernmilieu stoßen.
- Sehen (früher: Sehbehinderte und Blinde)
  Eine möglichst optimale Erschließung der Umwelt, die Erhöhung der Mobilität und die Bewältigung des Alltagslebens gehören zu den zentralen Zielen der sonderpädagogischen Förderung. Sie muss sich speziell auf die Gegebenheiten des Einzelfalles einstellen, die erheblich variieren können, zum Beispiel in Abhängigkeit vom Restsehvermögen. Auch nimmt die Behinderungsbewältigung einen großen Raum ein.
- Sprache (früher: Sprachbehinderte)
  Kinder, die in der Aneignung und Verwendung von Sprache beeinträchtigt sind, sollen in speziell ausgewählten Sprachlernsituationen gefördert werden. Frühzeitige Interventionen sind häufig notwendig, damit sichergestellt werden kann, dass der Schriftspracherwerb möglichst ungehindert erfolgt. Insbesondere ist dafür Sorge zu tragen, dass alltagstaugliche dialogische Kommunikationsräume entstehen, die subjektiv als sinnhaft erlebt werden.

Weiterhin hat die Kultusministerkonferenz eine allgemein gehaltene Kategorie des sonderpädagogischen Förderbedarfs eingefügt, die keinem Förderschwerpunkt zugeordnet ist. Hinzu kommt, dass Kinder und Jugendliche mit lang anhaltenden Erkrankungen zu Hause oder im Krankenhaus einzeln oder in Gruppen unterricht werden können, unter besonderer Berücksichtigung ihrer speziellen Lebens- und Lernsituation.

Bedacht werden muss aber auch, dass die Existenz einer Behinderung nicht zwangsläufig einen sonderpädagogischen Förderbedarf nach sich zieht. Viele Kinder mit den entsprechenden Beeinträchtigungen lernen seit jeher mit anderen Kindern zusammen und bedürfen weder einer speziellen Betreuung noch einer Sonderbeschulung. Dazu gehören viele schwerhörige, sehbehinderte und leichter körperbehinderte Kinder.

Im Hinblick auf die Zahl der Schüler, denen ein sonderpädagogischer Förderbedarf zugesprochen wird, ergibt sich folgende Verteilung: Die weitaus größte Gruppe bilden Kinder mit Beeinträchtigungen des Lernens (43,7 %), gefolgt von den Förderschwerpunkten „Geistige Entwicklung" (16 %), „Emotionale und soziale Entwicklung" (11,5 %) und „Sprache" (10,6 %). Um kleinere Populationen handelt es sich bei den Schwerpunkten „Körperliche und motorische Entwicklung" (6,5 %), „Hören" (3,1 %), Sehen (1,5 %) sowie „Kranke Kinder" (2,1 %). Übergreifend bzw. ohne Zuordnung wird bei 5 % der Kinder ein Förderbedarf festgelegt (Kultusministerkonferenz 2010, XI).

Die relative Anzahl der im schulischen Rahmen als behindert geltenden Kinder hat im Betrachtungszeitraum der letzten fünfzehn Jahre kontinuierlich zugenommen, sie liegt gegenwärtig bei 6 % aller Schüler (Kultusministerkonferenz 2010, XI).[1] Im internationalen Vergleich nimmt Deutschland damit eine mittlere Position ein, skandinavische Länder wie Island (15 %) und Dänemark (11,9 %) führen die Reihung an, nur noch übertroffen von Finnland: dort verfügen fast 18 % der Kinder über einen sonderpädagogischen Förderbedarf (EADSNE 2003, 128).

---

1 Die einzelnen Bundesländer unterscheiden sich sowohl im Hinblick auf die Anzahl der als behindert klassifizierten Kinder als auch bezüglich der präferierten schulischen Versorgung. Die Förderschulbesuchsquote „liegt in Bremen, im Saarland und in Schleswig-Holstein bei unter 4 %, in Sachsen hingegen bei 8 %" (Werning 2010, 285).

In den meisten Ländern Europas wird die Mehrzahl der Schüler mit Behinderung integriert beschult. Das heißt, dass sie überwiegend nicht in Sonderschulen, sondern stattdessen in großer Zahl „in Sonderklassen oder speziellen Lerngruppen an allgemeinen Schulen" (Speck 2006, 41) untergebracht sind. Hierzulande besuchen hingegen 81,6 % der Kinder mit Behinderungen eine Sonderschule (Kultusministerkonferenz 2010, XIII). Diese Differenz ist erheblich, selbst wenn man unterschiedliche Bildungshistorien und regionale Besonderheiten mit bedenkt und zudem in Rechnung stellt, dass nicht durchgängig von gleichen Begrifflichkeiten („Was ist Behinderung?", „Was ist Integration?") ausgegangen wird. So ist zum Beispiel der amerikanische Blindheitsbegriff sehr viel weiter gefasst als der deutsche. Und das Integrationskriterium für Schüler mit Verhaltensstörungen gilt anderswo bereits dann als erfüllt, wenn die Kinder einen gemeinsamen Schulkomplex besuchen (Willmann 2011). Aber auch die Beachtung dieser sowie anderer wichtiger Faktoren ändert nichts daran, dass hierzulande weniger Kindern als in den meisten anderen Ländern schulisch integriert werden. Nur Belgien und die Schweiz weisen eine höhere Besuchsquote an speziellen Einrichtungen auf (EADSNE 2003, 128 f.; Katzenbach & Schroeder 2007, 206).

Eine entscheidende Rolle spielen dabei Kinder mit Lernbeeinträchtigungen, die in Deutschland fast die Hälfte der Gesamtgruppe ausmachen. Ihre Integration würde zu einer bemerkenswerten Steigerung der entsprechenden Quote führen. In einigen anderen Ländern hingegen treten diese Kinder gar nicht in Erscheinung, da sie nicht gesondert erfasst werden.

Bereits die dargestellten Zahlen verweisen darauf, wie komplex die Verhältnisse sind. Die Häufigkeit diagnostizierter Behinderungen variiert erheblich, eine ausgeprägt integrative Beschulung geht nicht mit niedrigen Behinderungsquoten einher. Eher scheint das Gegenteil der Fall zu sein: Die genannten skandinavischen Länder verfügen, bei einem besonders hohen sonderpädagogischen Förderbedarf, über einen deutlich höheren Integrationsgrad als Deutschland. Und umgekehrt gilt: Die Länder mit der stärksten institutionellen Differenzierung, also einer hohen Sonderbeschulungsquote, haben keine überhöhten Behindertenquoten, sondern liegen in einem moderaten Bereich.

Die Gründe dafür mögen vielfältig sein und ihre Bewertung fällt unterschiedlich aus. Als anstößig gelten gemeinhin niedrige Integrationsraten. Die teils extreme Häufung diagnostisch produzierter Behinderungen, die sich im internationalen Bereich findet, wird hingegen kaum zum Gegenstand kritischer Erörterungen. Obwohl auch sie nicht unproblematisch ist: Offensichtlich aus verteilungspolitischen Gründen werden Kinder im erheblichen Umfang als „Sonderkinder" deklariert, wenngleich zum Teil nur für einen begrenzten Zeitraum.

Hierzulande wird, unter wesentlicher Beteiligung der Sonderpädagogik, vor allem die geringe Integrationsquote hinterfragt. Darüber hinaus ist auch die Sinnhaftigkeit des sonderpädagogischen Fächerspektrums in die Kritik geraten, auf der institutionellen wie auf der disziplinären Ebene. Als ein wesentlicher Grund dafür wird angeführt, dass sich Behinderungen überschneiden können und dies faktisch auch hinreichend oft geschieht. Am augenfälligsten und fachlich unumstritten ist dieses Phänomen bei schwer und mehrfach behinderten Kindern anzutreffen, in der Verbindung von Sinnesschädigungen, körperlichen und geistigen Behinderungen. Blinde Kinder, die keine weiteren Behinderungen aufweisen, bilden zum Beispiel seit einiger Zeit nicht mehr die stärkste Gruppe des Faches. Aber auch Lernbeeinträchtigungen und Sprachbehinderungen treten häufig gemeinsam auf und Verhaltensstörungen werden im Rahmen unterschiedlichster Behinderungen konstatiert.

Ob es sich bei den zuletzt genannten Überschneidungen in den Förderschwerpunkten Lernen, sozial-emotionale Entwicklung und Sprache wirklich, wie häufig behauptet wird, im streng definitorischen Sinne um doppelte oder gar dreifache Behinderungen handelt, darf füglich bezweifelt werden. Eine allein auf die äußere Erscheinungsform fixierte Betrachtungsweise, wie sie unter anderem die ICD-10 nahe legt, ist dabei ein schlechter Berater. Sie verstellt den Blick auf die hinter der symptomatischen Oberfläche stehenden Probleme, indem sie nicht mehr zwischen einer grundlegenden Ebene und diversen Folgeerscheinungen differenziert. So konstituieren sich, um nur ein Beispiel zu nennen, schulische Lernprobleme von Schülern mit sozial-emotionalen Beeinträchtigungen in aller Regel in gänzlich anderer Weise als bei Kindern mit einer Lernbeeinträchtigung – auch wenn in beiden Gruppen vergleichbare Folgeerscheinungen auftreten können. Insofern sollte genau überprüft werden, wie häufig Doppeldiagnosen tatsächlich existieren und wann sie nur die Folge einer unpräzisen Diagnostik sind. Letzteres dürfte sehr viel häufiger der Fall sein, als gemeinhin behauptet wird.

Ein weiterer Grund für eine kritische Betrachtung der disziplinären Ordnung wird darin gesehen, dass Kinder mit Behinderungen infolge des Integrations- oder Inklusionsbemühens häufiger gemeinsam unterrichtet werden sollen. Deshalb müsse sich, so die Forderung, auch der fachliche Zugriff grundlegend ändern. Nur in welcher Weise, das ist die entscheidende Frage. Bedarf es nunmehr einer neuen Kategorisierung, die zwischen den bisherigen Fachrichtungen liegt oder sie übergreift? Das ist, vielleicht mit Ausnahme schwerer Mehrfachbehinderungen, schwerlich sinnerfüllt vorstellbar. Kinder mit Lernbeeinträchtigungen und solche mit geistiger Behinderung könnten, um ein Beispiel zu nennen, unter das Dach kognitiver Erschwernisse subsumiert werden. Worin der davon erwartete akademische Fortschritt liegt, lässt sich allerdings kaum ausmachen. Noch schwieriger ist die mitunter geforderte Kombination von Lernbehinderten- und Verhaltensgestörtenpädagogik, die auf ganz unterschiedlichen theoretischen Referenzsystemen beruhen. Wo sie einen neuen „mittleren" Ort finden könnten bleibt rätselhaft.

Auf eine andere, weitaus radikalere Neuorientierung sei hier nur hingewiesen: Sie besteht in einer Dekategorisierung, die den Behinderungsbegriff insgesamt auflösen will. Ihr ist das Kapitel 6 gewidmet.

Ob eine Veränderung oder gar die Auflösung der fachlichen Ordnung zu einem wissenschaftlichen Fortschritt führt oder ihm im Wege steht, ist Gegenstand der weiteren Ausführungen. Inwieweit den Kindern damit gedient ist, wird ebenfalls zu erörtern sein. Und auch, ob die angestrebte Erhöhung der Integrations- bzw. Inklusionsquoten den umfassend erhofften Gewinn für alle daran beteiligten Kinder erbringen kann. Oder ob sie bestimmten Personen respektive Personengruppen schwerwiegende Nachteile aufbürdet.

2

Das System der Versorgung: Von der Integration zur Inklusion?

Auf die Darstellung einschlägiger historischer Entwicklungslinien der Sonderpädagogik vor 1945 muss hier verzichtet werden (vgl. Solarova 1983; Ellger-Rüttgardt 2008), so dass eine Beschränkung auf die Nachkriegsjahre erfolgt. „Die Entwicklung der ... Sonderpädagogik wurde [in den alten Bundesländern] nach dem zweiten Weltkrieg in der Bundesrepublik Deutschland zunächst maßgeblich durch den Verband Deutscher Hilfsschulen gefördert, der sich im Jahre 1953 in Verband Deutscher Sonderschulen (vds) umbenannte und sich zunehmend zum Ziel setzte, den Ausbau der Schulen insgesamt voranzutreiben" (B. Lindmeier 2010). Dies führte zu dem bereits im vorherigen Kapitel dargestellten, fachlich stark differenziertem Sonderschulsystem.

Ein entsprechend gegliedertes System existierte auch in der ehemaligen DDR, wobei Kinder mit einer geistigen Behinderung nur zum Teil schulisch gefördert wurden. Die so genannten schulbildungsunfähigen, aber förderungsfähigen Kinder besuchten dem Gesundheitswesen zugeordnete Förderungstagesstätten; diejenigen, die nicht als förderungsfähig galten, wurden vornehmlich in Dauerwohnheimen oder Psychiatrien untergebracht, teilweise auch in kirchlichen Einrichtungen.

Die politischen Zeichen sind in den alten Bundesländern seit langem auf Integration ausgerichtet. Bereits 1973 hatte sich der Deutsche Bildungsrat für eine stärkere Integration Behinderter in Regelklassen ausgesprochen und damit die bislang dominante Position der Sonderschulen relativiert. In der ehemaligen DDR hingegen „gab es keine auch nur annähernd vergleichbare Integrationsdiskussion" (Mahnke 2002, 485). „Menschen mit Behinderungen – in der DDR mit dem Terminus *Geschädigte* belegt – waren dem DDR-Selbstverständnis nach keineswegs diskriminiert oder aus gesellschaftlichen Prozessen ausgeschlossen und brauchten demnach auch nicht *integriert* zu werden" (Mahnke 2002, 485). Wesentliche Begründungen dafür finden sich in dem für alle verbindlichen Ziel der „Entwicklung einer sozialistischen Persönlichkeit" sowie in dem Umstand, dass – von den beschriebenen Ausnahmen abgesehen – allen behinderten Menschen eine berufliche Ausbildung und ein adäquater Arbeitsplatz zugesichert wurde.

Mit dem Beschluss der Kultusministerkonferenz vom 6. Mai 1994 wurde im nunmehr vereinten Deutschland der Blick auf den einzelnen Schüler gestärkt, so dass der individuell benötigte Förderbedarf in den Mittelpunkt des Interesses rückte. Der Ort, an dem die Förderung erfolgen soll, war nunmehr nicht mehr zwangsläufig vorgegeben. Genauer: Die pädagogische Arbeit mit behinderten Kindern wird seitdem verstärkt als gemeinsame Aufgabe für alle Schulen verstanden. Tendenziell soll der gemeinsamen Beschulung der Vorrang gegeben werden, sofern keine gewichtigen Gründe dagegen sprechen – ohne dass die Existenz von Sonderschulen und speziellen pädagogischen Settings grundsätzlich in Frage gestellt wird. Stärker als zuvor müssen sie sich aber in ihrer Existenz begründen. Das gilt vor allem für die Lernbehindertenschule, die traditionellerweise die größten Legitimationsprobleme hat.

„Für Integration können *ethische, pädagogische* und *politische* Gründe angeführt werden" (Wocken 2006, 100). Ethische Gründe sieht Wocken in dem Recht von Menschen mit Behinderungen auf gesellschaftliche Teilhabe und Partizipation, also darin, dass sie ein (möglichst) „normales" Leben führen können, ohne „Ausgrenzung" und

21

„Aussonderung". Als pädagogische Rechtfertigung führt er an, dass ein Bildungsauftrag unteilbar sei und sich die Schule aller Kinder gemeinsam annehmen müsse, zum Vorteil aller Beteiligten. Der politische Grund findet sich in der Idee einer demokratischen Gesellschaft, die schulische Trennungen nicht zulassen dürfe. „Integration zielt auf die ‚Bewältigung der Andernheit in der gelebten Einheit' (Buber) ab und leistet damit einen Beitrag zur Friedenserziehung" (Wocken 2006, 100).

Die ersten Initiativen zu einer verstärkten Integration gingen – etwa seit den frühen 1980er Jahren – nicht unwesentlich von einer engagierten Elternschaft aus, vor allem von Eltern mit körperlich oder geistig behinderten Kindern. Die sonderpädagogischen Berufsverbände haben sich demgegenüber lange Zeit abwartend und reserviert verhalten. Das Ansinnen von Eltern sowie einzelnen engagierten Lehrer/innen nach verstärkter Teilhabe führte zur Einrichtung von so genannten Integrationsklassen, die gezielt eine bestimmte Zahl behinderter Kinder aufnahmen, in der Regel vier pro Klasse. Diese Kinder wurden unter Abordnung spezialisierter Lehrkräfte in Grundschulklassen pädagogisch und sonderpädagogisch gefördert.

Als historisch verdienstvolles Beispiel dieser Entwicklung kann die Fläming-Grundschule in Berlin gelten. Jeweils zehn nicht-behinderte und fünf behinderte Kinder besuchten gemeinsam eine Klasse, in einem Zweipädagogensystem. Es „wurde anschaulich aufgezeigt und objektiv nachgewiesen, daß eine gemeinsame Schulerziehung von behinderten und nichtbehinderten Kindern nicht nur bildungspolitisch wünschenswert, sondern tatsächlich auch machbar ist, ohne dass die Bildungsbedürfnisse der einen oder auch der anderen Kindergruppe vernachlässigt werden" (Stoellger 1992, 451).

Die Arbeit in Integrationsklassen verlief insofern unter besonderen Vorzeichen, als sie neue Wege mit Hilfe eines hoch engagierten Lehrpersonals beschritt und sich der tatkräftigen Unterstützung interessierter und sozial privilegierter Eltern sicher sein konnte. Hinzu kam, dass die ausgewählte Personengruppe im Hinblick auf integrative Prozesse relativ leicht zu handhaben ist, im Gegensatz zu Kindern, die zum Beispiel massive Verhaltenstörungen aufweisen und aus einem belasteten sozialen Milieu stammen. An der Verallgemeinerbarkeit der in Integrationsklassen entstandenen Erfahrungen sind deshalb Zweifel aufgekommen (vgl. Stoellger 1992).

Der nächste Entwicklungsschritt bestand darin, dass nunmehr auf breiterer Ebene die Möglichkeiten und Grenzen einer schulischen Integration in Form von Modellversuchen erprobt und untersucht wurden. Damit änderte bzw. verschob sich auch die zu integrierende Klientel. Waren es zunächst vor allem körperlich und geistig behinderte Kinder, die in Integrationsklassen beschult wurden, so richtete sich das Interesse nunmehr auf die numerisch größte Gruppe der als behindert geltenden Kinder, die Lernbehinderten. Ihre Entwicklungsschwierigkeiten waren anders gelagert: Nicht nur im Hinblick auf die Erscheinungsformen ihrer Problematik, sondern auch bezüglich ihrer sozialen Herkunft, mit einem fast regelhaft anregungsarmen Milieu und unzureichender häuslicher Unterstützung. Weiterhin gerieten Kinder mit Sprachbehinderungen und Verhaltensstörungen in den Blick. Insbesondere Kinder mit Störungen der sozial-emotionalen Entwicklung, wie sie heute genannt werden, erzeugen in der Schule erhebliche Probleme, belasten den Unterricht und das Gemeinschaftsleben – aufgrund einer besonderen Lerngeschichte und weil ihnen ihre inneren Notwendigkeiten oft keine andere Wahl lassen. Sie stehen sich selbst und anderen gleichermaßen im Weg, kommen mit sich selbst nicht zu Recht und deshalb auch nicht mit ihren Mitschülern. Und diese nicht mit ihnen. Dass diese Gruppe besonders schwierig zu integrieren ist, liegt auf der Hand (Goetze 1990; Ahrbeck & Willmann 2010a).

In Integrative Regelklassen wurden nunmehr auch die zuletzt genannten Kinder aufgenommen, in einer Quote, die ihrer Verbreitung in der jeweiligen Region entspricht. Der „Hamburger Schulversuch" (Schuck et al. 1999) hat sich dementsprechend Kindern mit Lernbeeinträchtigungen, Sprachbehinderungen und Verhaltensstörungen angenommen. Über die Ergebnisse dieses breit angelegten, wissenschaftlich intensiv begleiteten Modellversuchs sowie anderer Integrationsuntersuchungen wird in Kapitel 3 ausführlich berichtet.

In die zuletzt genannten Modellversuche gingen sinnesgeschädigte Kinder, also blinde und sehbehinderte, schwerhörige und gehörlose Schüler nur am Rande ein. Wenn sie integriert beschult werden, dann in Integrationsklassen. Ansonsten verbleiben sie in der auf ihre jeweilige Behinderung spezialisierten Schule, sofern keine Einzelintegration erfolgt. Letzteres ist zum Beispiel in Schleswig-Holstein in einem beträchtlichen Ausmaß der Fall, so dass es dort keine Blinden- und Sehbehindertenschulen mehr gibt.

Vielfach und mit einigem Nachdruck ist darauf hingewiesen worden, dass eine integrative Beschulung weiterer schulorganisatorischer Veränderungen bedarf, die hier nicht im Einzelnen ausgeführt werden sollen. Dazu gehört unter anderem eine Vernetzung unterschiedlicher Unterstützungssysteme. „Ein besonderer Stellenwert in ‚Integrationsnetzwerken' kommt so genannten ‚Förderzentren' zu. Förderzentren sind dabei als Ressourcen- und Kompetenzzentren zu verstehen, die in ambulanter Form spezialisierte Hilfs- und Unterstützungsangebote vorhalten und dezentralisiert ‚zu den Kindern bringen'" (Wocken 2006, 102). Zudem bedarf es einer verstärkten Kooperation mit außerschulischen Leistungsträgern, zum Beispiel der Jugendhilfe.

Das inzwischen langjährige Bemühen um die Integration von Kindern mit Behinderung hat vielfältige, teils auch widersprüchliche Ergebnisse hervorgebracht. Neben ermutigenden Erfahrungen an vielen einzelnen Standorten steht der Umstand, dass die Zahl der schulisch integrierten Kinder im Laufe der Jahre zwar angestiegen ist, insgesamt aber auf einem recht niedrigen Niveau verharrt. Insofern ist der Integrationsbewegung nicht der erhoffte durchschlagende Erfolg beschert gewesen. Die Gründe dafür sind vielfältig: Das institutionelle Beharrungsvermögen des Sonderschulsystems spielt dabei sicherlich eine gewichtige Rolle, ebenso wie die begrenzte Aufnahmebereitschaft von Grund- und Hauptschulen. Ein weiterer wichtiger Faktor besteht in der Reformbereitschaft von Lehrerinnen und Lehrern aller Schulformen sowie in einem nicht überall stark ausgeprägten politischen Veränderungswillen.

Nicht übersehen werden darf aber auch, dass die Integration ein in sich konflikthaftes Unternehmen ist, das neue Widersprüche hervorbringt. Reiser hat sie bereits 1997 beschrieben. So führt zum Beispiel die unterschiedliche Leistungsfähigkeit von Schülern notwendigerweise zu internen Differenzierungen und damit zu einer erneuten Selektion. „Die Lernzieldifferenz bedeutet ein Ausklinken [bestimmter] Kinder aus der Schullaufbahnerwartung der Grundschule" (Reiser 1997, 269), daran kann es keinen Zweifel geben. „Die Vorstellung, der gemeinsame Unterricht könne die pädagogische Selektion vermeiden, bricht immer dann zusammen, wenn es um Abschlüsse und Zulassungen zu ‚voraussetzungsreicheren' Bildungsgängen geht" (Reiser 1997, 269). Ein allein an der persönlichen Entwicklung ausgerichteter Bewertungsmaßstab führt zu einer Selbsttäuschung auf beiden Seiten, den Schülern wie den Lehrern. Selektion ist ein unvermeidbarer Effekt von Schule. Die Vorstellung, es müsse sie nicht geben, lässt sich nur solange aufrechterhalten, wie die innere Wunschwelt über die Lebensrealität triumphiert, also die Gesetzmäßigkeiten der äußeren Realität außer Kraft gesetzt werden.

Die Integration ist inzwischen als Leitkategorie in den Hintergrund getreten, nunmehr nimmt das Begehren nach Inklusion einen sehr viel größeren Raum ein. Dieser im angloamerikanischen Sprachraum bereits seit den 1970er-Jahren gebräuchliche Begriff ist in Deutschland erst nach der Jahrtausendwende populär geworden. Die begriffliche Abgrenzung zur Integration bleibt dabei freilich oft vage: „im integrationspädagogischen Diskurs findet sich selten eine differenziertere Auseinandersetzung damit, was das Anliegen und den spezifischen Fokus von Inklusion und inklusiver Pädagogik ausmacht. Beispiele für einen reflektierten und vorsichtigen Umgang mit dem Inklusionsbegriff sind eher selten" (Hinz 2009, 171).

Die Vorstellungen darüber, was Inklusion ist oder sein soll, variieren erheblich. Bei Reiser (2003, 305, 308) finden sich dazu folgende Passagen: „Der neue Begriff bringt keine theoretische Vertiefung oder Erweiterung mit sich" und weiterhin: „Theoretisch scheint es mir fragwürdig, die Begriffe Integration und Inklusion als Leitbegriffe unterscheidbarer Konzepte gegeneinander zu setzen." Für Sander (2003, 321) hingegen ist „Inklusion in der deutschen Fachsprache ein sinnvoller Begriff, wenn man darunter eine optimierte und erweiterte Integration versteht", eine totale Integration, um genau zu sein. „Eine inklusive Schule ist eine integrative, völlig aussonderungsfreie Reformschule", die „selbstverständlich alle behinderten Kinder, auch die schwerstgeschädigten und schwerstmehrfachbehinderten" umfasst (Sander 2003, 321, 318). Nach Hinz (2009, 179) „[vermeiden es] inklusive Konzepte ..., in der Sprache des ‚sonderpädagogischen Förderbedarfs' zu denken und zu handeln; stattdessen stellen sie unterschiedlichste ‚Barrieren für das Lernen und die Teilhabe' in den Mittelpunkt, mit denen jeder Mensch konfrontiert ist". Wohlgemerkt: Jeder Mensch, also behinderte wie nicht-behinderte Menschen gleichermaßen. Spezifischen Personengruppen soll sich die (Sonder-)Pädagogik nicht mehr widmen.

Die Forderung nach der Inklusion Behinderter und einer inklusiven Schule beruft sich unter anderem auf die UN-Konvention von 2006 über die Rechte von Menschen mit Behinderungen. Ihrer Präambel ist die Erwartung zu entnehmen, dass „die Förderung des vollen Genusses der Menschenrechte und Grundfreiheiten durch Menschen mit Behinderungen sowie ihrer uneingeschränkten Teilhabe ihr Zugehörigkeitsgefühl verstärken und zu erheblichen Fortschritten in der menschlichen, sozialen und wirtschaftlichen Entwicklung der Gesellschaft und bei der Beseitigung der Armut führen wird" (UN-Konvention 2006). Das Gesellschafts-, Sozial- und Bildungssystem jedes Landes, das die UN-Konvention ratifiziert hat, soll sich danach verpflichtend ausrichten. Für Deutschland ist dies seit dem Inkrafttreten am 26. März 2009 der Fall.

In der soeben genannten Formel verdichtet sich der Grundgedanke der UN-Konvention unter mehreren Aspekten: Es geht um die Durchsetzung der Menschenrechte und Grundfreiheiten für Behinderte in einer Welt, in der die Menschen- und Freiheitsrechte in vielen Ländern faktisch gebrochen und außer Kraft gesetzt werden – genau genommen für Menschen mit und ohne Behinderungen. Die uneingeschränkte Teilhabe behinderter Menschen am gesellschaftlichen Leben ist der sich daran anschließende Gedanke, der einem (in der Präambel nicht weiter definierten) Ausschluss entgegenwirken und ihr Zugehörigkeitsgefühl stärken soll, in der Erwartung, dass sich ihre Lebenssituation dadurch entscheidend verbessert. Der Verweis auf die Beseitigung von Armut belegt noch einmal, dass es sich um eine Konvention handelt, die internationalen Geltungsanspruch hat. Hunger und Armut sind bei globaler Betrachtung weit und in einem erschreckenden Ausmaß verbreitet. „Nach Schätzungen der Unesco besuchen weltweit 77 Millionen Kinder keine Schule, davon weisen mindestens 25 Millionen eine Behinderung auf" (Barow 2010, 42).

Die Situation derer, die unter diesen Bedingungen leben, unterscheidet sich fundamental von denjenigen, die in Deutschland auf staatliche Unterstützungsleistungen angewiesen sind. Die Diskussion über die sich hierzulande ausbreitende Armut (Weiß 2010) findet also auf einem gänzlich anderen Niveau statt. Die heutigen Hartz IV-Leistungen, so gering sie auch sein mögen, sorgen verlässlich dafür, dass die elementaren Grundbedürfnisse befriedigt werden. Sie garantieren einen Lebensstandard, der bis in die 1970-er Jahre hinein für Arbeiter üblich war. Damals wie heute musste niemand hungern, auf ärztliche

Versorgung oder den Schulbesuch seiner Kinder verzichten. Bereits dieser knappe Hinweis verdeutlicht, wie sehr sich die Lebenssituation (behinderter) Menschen weltweit unterscheidet, was nicht ohne Folgen für die Auseinandersetzung mit der UN-Konvention und den Inklusionsgedanken bleiben kann. Im Einzelnen sind in der UN-Konvention in 50 Artikeln grundlegende Bedingungen genannt, die vorhanden sein sollen, damit die Rechte von Menschen mit Behinderungen gewahrt werden. Der Artikel 24: „Bildung" enthält, dass „die Vertragsstaaten ein inklusives [integratives] [hierin unterscheiden sich die Übersetzungen B. A.] Bildungssystem auf allen Ebenen" bereitstellen und „Menschen mit Behinderungen nicht aufgrund von Behinderung vom allgemeinen Bildungssystem ... [und] ... Kinder mit Behinderungen nicht ... vom unentgeltlichen und obligatorischen Grundschulunterricht oder vom Besuch weiterführender Schulen ausgeschlossen werden" dürfen (Artikel 24 (1) bzw. 24 (2a)). Dadurch soll gesichert werden, dass Menschen mit Behinderungen ihre Persönlichkeit und Begabung voll entfalten können und eine wirkliche, gleichberechtigte Teilhabe am gesellschaftlichen Leben gelingt. Ihre individuellen Bedürfnisse seien im besonderen Maße wahrzunehmen und zu achten, notwendige Unterstützungsmaßnahmen müssen angeboten werden.

Die weiteren Konkretisierungen im 3. Absatz des 24. Artikels verweisen auf spezielle Notwendigkeiten, die sich vor allem bei sinnesgeschädigten Menschen ergeben: wie das Erlernen der Gebärdensprache, der Brailleschrift oder alternativer Kommunikationsformen.

Nach den OECD-Standards gilt „ein Schulsystem als integrativ ..., wenn wenigstens 40 % der Schüler/innen mit Förderbedarf im Regelschulsystem beschult werden, und als inklusiv, wenn es wenigstens 80 % sind" (B. Lindmeier 2009, 397). Eine solche Festlegung setzt voraus, dass personenbezogene Diagnosen erstellt worden sind, denn nur so können entsprechende Aussagen getätigt werden. Geht man von den genannten Zielgrößen aus, so besteht die Aufgabe vieler Länder darin, den Integrations- bzw. Inklusionsgrad zu erhöhen.

Immerhin beinhaltet die genannte Zielgröße, 80 % der Kinder mit Behinderungen sollen inkludiert sein, dass ein Schulsystem auch dann hinreichend inklusiv entfaltet ist, wenn es jeden fünften behinderten Menschen nicht aufnimmt. Es wird also in Rechnung gestellt, dass eine vollständige Inklusion bei realistischer Betrachtung entweder unmöglich oder auch gar nicht erstrebenswert ist. Christian Lindmeier (2009, 425) zählt zu den nicht oder nur schwerlich inkludierbaren Personengruppen schwer- und mehrfachbehinderte sowie einen Teil der chronisch und progredient erkrankten Kinder, weiterhin stark verhaltensgestörte und massiv schulabsente Jugendliche und einen Teil derjenigen Kinder, die eine autistische Problematik aufweisen. Er bezieht sich dabei auf ein die UN-Konvention kommentierendes Handbuch aus dem Jahre 2007.

Zu einer flächendeckenden totalen schulischen Inklusion ist es bisher in keinem Land der Welt gekommen. Auch dort nicht, wo der gemeinsamen Beschulung eine hohe Priorität eingeräumt wird und ein entsprechender politischer Veränderungswille seit langem vorhanden ist.

Die UN-Konvention ist ein deklarativer politischer Text, der auf sehr unterschiedliche Weise interpretiert werden kann. Faktisch geschieht dies – wie ohne Übertreibung formuliert werden darf –, indem zwei Welten aufeinander treffen. Sie unterscheiden sich in der Zielvorstellung, die moderat und relativierend ausfallen kann oder allumfassend und totalitär konzipiert ist (vgl. Kap. 4). In dem ersten Fall geht es um eine Erhöhung der Integrationsquoten, die eine Abweichung von der allgemeinen Zielvorgabe sehr wohl kennt und diese auch anzuerkennen bereit ist. Im zweiten Fall wird ein weniger nüchternes Ziel angestrebt: Jedes Kind soll, ohne nennenswerte Ausnahme, unabhängig von der Art und Schwere seiner Behinderung, inkludiert werden. Dabei ist Behinderung nur eine Kategorie unter anderen, wie zum Beispiel ethnische Herkunft, Nationalität, Religion, soziales Milieu oder Geschlecht. „Inklusion wird also nicht mit bestimmten kategorisierbaren, klar abgrenzbaren Personengruppen verbunden, sondern als generelles Prinzip in jeglicher Gruppierung verstanden" (Hinz 2006, 98). Die „Schule für alle", ausnahmslos für alle Kinder und Jugendlichen, wird dadurch zur einzig adäquaten Organisationsform.

Die Differenz beider Sichtweisen ist beträchtlich. In der radikalen Form sind Integration und Inklusion keine auf einem Kontinuum angesiedelten Kategorien: Insofern ist die Inklusion auch keine Fortführung der Integration, keine quantitative Steigerung eines gemeinsamen Prinzips, sondern die Auflösung und Negierung des Integrationsgedankens.

„Integration ist notwendig, so lange Aussonderung als normal gilt", so ist bei Schöler (2006, 1) zu lesen. Integration basiert demnach darauf, dass Kinder und Jugendliche einen „aussondernden" Status erhalten haben, der als Grundlage für eine spätere (Wieder-)Eingliederung dient. Integriert werden kann also derjenige, der zuvor aus der Normalität entfernt wurde, vornehmlich, indem er eine spezielle Schule oder einen besonderen Kindergarten besucht hat. Als Mittel zur Integration dient der sonderpädagogische Förderbedarf. Er soll, der Integrationsidee folgend, dafür sorgen, dass die Sonderschulbedürftigkeit möglichst weitgehend reduziert wird. Eines bleibt jedoch erhalten: Mit der Vergabe des sonderpädagogischen Förderbedarfs wird weiterhin eine Besonderheit definiert, die auf einer individuellen Diagnosestellung beruht.

Die Inklusion hingegen, sofern sie in radikaler Weise verstanden wird, will von all dem nichts mehr wissen. „Inklusion bedeutet: Gemeinsamkeit aller Kinder ist normal" (Schöler 2006, 1). Oder: „Es ist normal, anders zu sein." Diese bereits aus der Integrationsbewegung bekannte Formel gewinnt im Inklusionsbegehren eine neue Dimension. Sie verweist auf eine anthropologische Neuorientierung beträchtlichen Ausmaßes: Der Mensch wird primär unter dem Aspekt seiner sozialen Gruppenzugehörigkeit betrachtet, die damit verbundenen (vermeintlichen oder wirklichen) Barrieren werden zum zentralen Thema, die Überwindung von Marginalisierung und Diskriminierung zum obersten Ziel. Insofern ist es nicht verwunderlich, dass sich die Inklusionsbewegung, zumindest in Teilen, in ihrem Selbstverständnis an der Bürgerrechtsbewegung orientiert und sie zu ihrer Legitimation heranzieht.

Die Person, der Einzelne als Träger einer Behinderung, wird dadurch zu einer nachrangigen Kategorie. Mehr noch: Als solcher soll er möglichst gar nicht mehr in Erscheinung treten. Die Differenzierung in behinderte und nichtbehinderte Menschen gilt als historisch überholt und moralisch illegitim, als Folge einer dichotomen Konstruktion im Kopfe derer, die sich durch Interessen geleitet und auf ungute Weise mit behinderten Menschen beschäftigen. Bereits ein auf das Individuum bezogener sonderpädagogischer Förderbedarf unterliegt dem Generalverdacht, er würde die davon betroffenen Kinder benachteiligen und schädigen.

Behinderung soll nunmehr zu einem diffusen Teil einer äußerst weit gefassten Vielfalt werden, die Ausprägungen des Alltäglichen ebenso umfasst wie alle möglichen anderen Besonderheiten von Menschen. Für einen personengebundenen sonderpädagogischen Förderbedarf gibt es dann keinen Platz mehr. Denn es gilt: „Wenn und so lange sich Sonderpädagogik auf spezifische Menschen bezieht, besteht ein grundlegendes Spannungsverhältnis zur inklusiven Pädagogik" (Hinz 2009, 171). Unterstützungssysteme sollen deshalb „nonkategorial organisiert [sein], in einer ‚umspezialisierten‘ Form arbeiten und systemische Ansätze praktizieren" (Hinz 2009, 173). Nicht zu Unrecht fragt Hinz deshalb danach, ob die Inklusion einen veränderten Bezugsrahmen für die Sonderpädagogik oder doch ihr Ende bedeute.

Inklusionsfähigkeit wird zu einem Problem des Systems und nicht mehr der Person. „Wenn man davon ausgeht, dass Menschen nicht behindert *sind*, sondern behindert *werden*, weil die Anforderungen und Bedingungen nicht so gestaltet sind, dass sie ihren Möglichkeiten entsprechen, dann liegt auch hier das Problem nicht bei den Schülerinnen und Schülern, sondern bei den Lehrkräften und der Pädagogik" (Klauß & Lamers 2010, 312). In einer „integrations- bzw. inklusionsfähigen Schule" ist, das hat Schöler bereits 1999 gefordert, die Frage nach „integrationsfähigen Schülern" obsolet geworden. Die nahe liegende Konsequenz daraus ist, dass Fördermittel nur noch an Gruppen, etwa Schulklassen, vergeben werden – ohne Kennzeichnung bestimmter Kinder.

Damit sind zahlreiche grundlegende Fragen aufgeworfen, die es im Weiteren – in relevanten Ausschnitten – zu beantworten gilt. Dies kann allerdings nur vor dem Hintergrund einer unvoreingenommenen Bestandsaufnahme geschehen, die sich einer empirischen Perspektive öffnet. Nur wenn genau bekannt ist, wie sich die Lebens- und Lernrealität von Schülerinnen und Schülern mit Behinderungen in unterschiedlichen pädagogischen Settings darstellt, lässt sich abschätzen, welche Folgen sich für sie bei verstärkter Integration oder totaler Inklusion ergeben können. Deshalb werden zunächst einschlägige empirische Untersuchungsergebnisse vorgestellt, die sich bevorzugt auf die Integration von Kindern mit Lernbehinderungen sowie Verhaltensstörungen und Sprachbehinderungen beziehen.

3

Integration:
Empirische Erkenntnisse

Die vollmundige Bekundung, die Vorteile einer integrativen Beschulung seien inzwischen hinreichend empirisch belegt (Preuss-Lausitz
2002), hält einer Konfrontation mit der empirischen Befundlage nicht
stand. Ebenso wenig wie die Behauptung, schulische Integration ver-
laufe „unter fairen Bedingungen ... fast immer erfolgreich" (Sander
2008, 350). Die vorliegenden Ergebnisse sind in sich widersprüchlich
und keinesfalls eindeutig. Einschlägige Untersuchungen haben in der
Tat wiederholt gezeigt, dass die kognitive Entwicklung von Kindern
mit Lernbeeinträchtigungen, widergespiegelt in ihrem schulischen
Leistungsvermögen, im integrativen Kontext günstiger verläuft. „Integrierte Lernbehinderte machen größere Schulleistungsfortschritte
als Lernbehinderte in Sonderklassen", so heißt es zusammenfassend
bei Haeberlin et al. (1991, 331) (vgl. auch: Tent et al. 1991; Hildeschmidt & Sander 1996). Das stärkere Anregungsmilieu und die höheren Leistungsanforderungen werden als wichtige Gründe dafür genannt.

Die Untersuchungen von Haeberlin et al. sowie Tent et al. führen darüber hinaus zu weitergehenden Erkenntnissen. Die emotionale und soziale Situation lernbehinderter Kinder stellt sich in Sonderschulen im Allgemeinen besser dar. Sie erleben sich als weniger ängstlich, fühlen sich wohler, haben ein besseres Selbstwertgefühl, schätzen ihr Arbeitsverhalten und ihre Fähigkeiten vergleichsweise günstiger ein, insbesondere im Vergleich zu integrierten Schülern ohne spezielle Förderung. Aus der Sicht ihrer Lehrer weisen sie ein besseres Arbeitsverhalten auf. Nach Haeberlin et al. (1991, 327) zeigt sich bei einer Stichprobe von 1800 Kindern „mit ungewöhnlicher Eindeutigkeit ..., dass schulleistungsschwache Schüler in leistungsheterogenen Regelklassen signifikant häufiger zu den unbeliebtesten Schülern gehören als ihre Mitschüler, und daß daran die derzeitigen Maßnahmen der Heilpädagogischen Schülerhilfe in deutschschweizerischen Schulmodellen nichts zu ändern vermögen". Dem entspricht ihre Selbstbeurteilung. Sie halten sich für weniger gut integriert als vergleichbare Schüler in Sonderschulen. Dass sich diese Ergebnisse gegen Ende der Schullaufbahn hin relativieren, kann angesichts der weiteren, wesentlich durch außerschulische Einflüsse mitbestimmten Entwicklungsperspektive nicht überraschen.

Doch wie steht es um die oft berichtete Diskriminierung von Schülerinnen und Schülern der Schule für Lernbehinderte? Um ihr Gefühl, es sei beschämend, eine solche Schule zu besuchen, um ihre Sorge und Erfahrung, als dumm und leistungsschwach abgestempelt zu werden? Nahe liegend ist es, dass sich das Erleben dieser Kinder an unterschiedlichen Polen ausrichtet, die sich folgendermaßen umreißen lassen. Der Besuch einer Sonderschule dürfte vor allem als diskriminierend erlebt werden, wenn der Blick aus einer außerschulischen Position erfolgt. Dann mögen diese Kinder nur ungern als Teil dieser Einrichtung und im Lichte ihrer öffentlichen Wahrnehmung in Erscheinung treten, fühlen sich bloßgestellt und beschämt. In der Einrichtung selbst, aufgrund der dort gemachten Erfahrungen, erleben sie – wie obige Untersuchungsergebnisse belegen – etwas anderes, nämlich eine Stärkung ihrer psychischen und sozialen Position. „Ich komme aus einem schlecht angesehenen Elternhaus, fühle mich zuhause aber wohl" – so könnte man diese Erlebensformen auf eine einfache Formel bringen (vgl. auch: Ahrbeck et al. 2009).

Wie diese beiden Erlebenspole zueinander in Beziehung stehen, wäre eine weitergehende Untersuchung wert. Sie müsste als Rahmenbedingung den Blick auf die gesellschaftlich dominierende Wahrnehmung und Bewertung besonderer Institutionen und derjenigen Personen richten, die sie besuchen – einschließlich der darin enthaltenen Abwehrprozesse – und zugleich die komplexen psychischen Verarbeitungsmechanismen analysieren, die auf der persönlichen Lebens- und Lerngeschichte der Kinder und ihren institutionellen Erfahrungen beruhen. Der Einsatz qualitativer Forschungsmethoden bietet sich dabei an. Doch dazu sind, wie gesagt, viele Fragen offen.

Huber (2006; 2009) geht über die bisher referierten Untersuchungen hinaus, indem er sich dem Gemeinsamen Unterricht, das heißt dem Lernen in sehr heterogenen Gruppen zuwendet. Insbesondere interessiert ihn, wie sich eine solche Unterrichtsform auf die soziale Situation von Kindern mit sonderpädagogischem Förderbedarf auswirkt, in der alltäglichen Schulpraxis, außerhalb von Modellversuchen. Einbezogen in die Untersuchung waren Kinder mit einem Förderbedarf im Lernen, der emotionalen und sozialen Entwicklung sowie der Sprache. Das Ergebnis: Die integrationspädagogische Annahme, „je heterogener eine Lerngruppe, desto besser die zu erwartende soziale Integration von Schülern mit sonderpädagogischen Förderbedarf" (Huber 2009, 243), findet im pädagogischen Alltag keine Bestätigung. Es „lassen sich insgesamt keine Anhaltspunkte für eine positive Wirkung der heterogenen Lerngruppe auf die soziale Integration in der integrationspädagogischen Praxis nachweisen" (Huber 2009, 243 f.). Kinder mit einem sonderpädagogischen Förderbedarf sind signifikant weniger „beliebt", noch deutlicher fallen die Ablehnungswahlen aus: „Der auffälligste Unterschied ist … in der Gruppe der abgelehnten Schüler zu finden. So wird mit fast 47,7 % jeder zweite Schüler mit einem Sonderpädagogischen Förderbedarf abgelehnt" (Huber 2009, 245). Aufgrund dieser Befundlage ist im Gemeinsamen Unterricht von erheblichen Problemen bei der sozialen Integration auszugehen und somit auch von einer entsprechenden psychischen Belastung der Betroffenen.

Die Ergebnisse Hubers widersprechen denjenigen schulischer Modellversuche, die zu keinen besonderen Schwierigkeiten bei der Integration von Kindern mit einem speziellen Status geführt haben (z. B. Wocken 1997; Preuss-Lausitz 1991). Huber bezweifelt deshalb, dass sich diese, unter besonders guten Bedingungen erzielten Resultate umstandslos auf die „normale" Schulpraxis übertragen lassen. Er beklagt das Fehlen einschlägiger Untersuchungen, die sich auf die gängigen Gegebenheiten in Schulen beziehen. Anderenorts entstandene vermeintliche Gewissheiten erfordern, so Huber, eine weitere kritische Untersuchung. Sie dürfen keinen überdimensionierten Wert beanspruchen, der einer erneuten Überprüfung vor Ort im Wege steht.

Eine Erhöhung der Vielfalt von Schülerinnen und Schülern findet sich auch in den so genannten Verbundschulen, das sind Sonderschulen mit einem verbreiterten Schülerspektrum. In Nordrhein-Westfalen ist unter anderem untersucht worden, wie sich die gemeinsame Unterrichtung von Kindern mit den Förderschwerpunkten Lernen, Emotionale und soziale Entwicklung und Sprache auswirkt. Willmann (2007, 31) fasst die Befundlage folgendermaßen zusammen: Die „Ergebnisse der Evaluation von kreuz-kategorialen Verbundschulen in Nordrhein-Westfalen [zeigen], dass sich der gemeinsame Unterricht von Schülern dieser Förderschwerpunkte gerade für die Gruppe der verhaltensschwierigen Schüler als nachteilig erweist. Die wissenschaftliche Auswertung des Schulversuchs dokumentiert ‚erhebliche Schwierigkeiten‘ (MSWF-NRW 2001, 22) bei dieser Schülergruppe: ‚Die im Vergleich zur Schule für Erziehungshilfe großen Lerngruppen erschwerten das Eingehen auf die individuellen Probleme der Erziehungsschwierigkeiten. Zudem zeigten sich diese Schülerinnen und Schüler im Unterricht gerade in größeren Lerngruppen unterfordert und gaben sich mit geringeren Leistungen zufrieden als sie in der Schule für Erziehungshilfe hätten erbringen können ... Nach sechsjährigem Schulversuch schätzten 60 % der Lehrkräfte ... die Förderung dieser Schülerschaft in der Förderschule [hier: ‚Verbundschule‘; M. W.] als eher schwieriger ein‘ (ebd., 13)."

Ob sich diese Situation dadurch entschärfen lässt, dass die Heterogenität der Schülerschaft noch weiter ansteigt, wie im Gemeinsamen Unterricht geplant, darf ernsthaft bezweifelt werden. Zumal, wenn sie von einer Erhöhung der Klassenfrequenzen begleitet wird. Die vorgebrachten Befunde sprechen jedenfalls nicht dafür.

Die bisherigen Ausführungen illustrieren, dass sich die wissenschaftliche Befundlage zur Integration von Kindern mit sonderpädagogischem Förderstatus durchaus widersprüchlich darstellt. Dabei wurde besonders auf die psychische und soziale Situation dieser Kinder rekurriert, eine für die schulische Entwicklung hochbedeutsame Dimension, die häufig nur unzureichend beachtet wird. Die vorgetragenen Ergebnisse verweisen auf ein Spannungsfeld, in dem sich eine integrativ ausgerichtete Schule bewegt. Den kaum umstrittenen stärkeren kognitiven Fortschritten, die sich bei Schülern mit einer Lernbeeinträchtigung einstellen, stehen gravierende Probleme gegenüber, die auf der emotionalen und sozialen Ebene angesiedelt sind. Genauer formuliert: Der zusätzliche Leistungsgewinn wird durch höhere psycho-soziale Belastungen erkauft. Umgekehrt gilt, dass der Sonderschulbesuch zu einer besseren emotionalen Befindlichkeit führt und dem Gefühl einer stärkeren sozialen Eingebundenheit, freilich um den Preis vergleichsweise geringerer Lernerfolge. Darüber hinaus zeigt sich, dass eine integrative Beschulung auch für andere Personengruppen problematisch verlaufen kann. Vor allem gilt dies für Schüler mit dem Förderschwerpunkt Emotionale und soziale Entwicklung.

Damit sind empirisch vorgefundene Gegebenheiten benannt. Unveränderlich sind solche Bestandsaufnahmen natürlich nicht, in keinem der genannten Systeme. Sie können unter anderem nach schulpolitischen Intentionen, dem pädagogischen Aufmerksamkeitsfokus und den äußeren Rahmenbedingungen der pädagogischen Arbeit variieren. Insofern verwundert es nicht, dass unter bestimmten Bedingungen Befunde möglich sind, die dem bisher Dargestellten entgegenstehen.

Der „Hamburger Schulversuch" basiert auf einer gemeinsamen Beschulung behinderter und nicht-behinderter Schüler in „Integrativen Regelklassen", ohne dass eine Zurückstellung vom Schulbesuch vorgesehen war oder eine Abschulung auf Sonderschulen erfolgen sollte (zusammenfassend: Bleidick 1999). Integriert werden sollten Kinder mit besonderen Schwierigkeiten im Lernen, in der Sprachentwicklung und im Verhalten. Der im Schuljahr 1991/92 begonnene, auf die vierjährige Grundschulzeit begrenzte Schulversuch wurde über sechs Jahre wissenschaftlich begleitet (Dokumentation: Buchreihe „Lebenswelten und Behinderung", Bd. 8 bis 12; Hrsg.: Schuck, Rath & Bleidick 1998; 1999). Er umfasste zunächst 13 und am Ende 36 Grundschulen, vornehmlich in sozialen Brennpunkten, und war damit außerordentlich breit angelegt. Die Beschulung erfolgte mit einer zusätzlichen Ausstattung von einer halben Sonderpädagogenstelle pro Klasse, ein individueller sonderpädagogischer Förderbedarf wurde nicht erhoben.[2] Die Teilnahme am Schulversuch setzte einen Beschluss der Schulkonferenz voraus und insofern ein gewisses Maß an Freiwilligkeit.

Als Endergebnis halten die Autoren fest, „daß die emotionale und soziale Integration von SchülerInnen mit Lern-, Sprach- oder Verhaltensproblemen ... weitgehend gelungen ist" (Hinz et al. 1998, 111). Damit ist ein zentrales Ziel des Modellversuchs erreicht worden, sowohl im Hinblick auf das Schul- und Lernklima als auch das Sozialklima in der Klasse sowie das Fähigkeitskonzept der Schülerinnen und Schüler. Die gesteigerte Aufmerksamkeit und das besondere Bemühen der Lehrerinnen und Lehrer um eine soziale Integration dürften damit einen positiven Niederschlag gefunden haben. „Zwar ist der soziometrische Status der leistungsschwachen und auffälligen Kinder nicht immer günstig; es gibt in den Integrativen Regelklassen aber nicht mehr unvorteilhafte Sozialrollen ... als in den Kontrollklassen" (Bleidick 1999, 131).

Bemerkenswert ist aber auch, dass die anhand zentraler Indikatoren erhobenen durchschnittlichen Schulleistungen in den „Integrativen Regelklassen" niedrig sind und deutlich gegenüber den Kontrollklassen abfallen. In nüchternen Worten: „Die Untersuchung der Entwicklung leistungsstarker und leistungsschwacher Kinder hat nun keinesfalls ergeben, dass die Leistungsschwachen in heterogenen Lerngruppen mehr profitieren" (Hinz et al. 1998, 111). Und weiterhin: „Im Bereich der Schulleistungen ... konnte der Rückstand der lernproblematischen SchülerInnen nicht aufgeholt werden; die Längsschnittbetrachtung zeigt, daß im Gegenteil die relative Position dieser SchülerInnen sich noch weiter verschlechtert" (Hinz et al. 1998, 111 f.). Der gewünschte Ausgleich erfolgt also nicht, trotz des Einsatzes sonderpädagogischer Lehrkräfte. Augenscheinlich ist es nicht gelungen, die bereits in der ersten Schulklasse aufklaffende Schere zwischen unterschiedlich leistungsstarken Kindern in der weiteren Entwicklung zu schließen. Der

---

2 „Bei näherem Zusehen wird allerdings Wasser in den Wein geschüttet: ‚Ausgenommen vom Grundsatz der Nichtetikettierung sind jene lernbehinderten Kinder, deren Behinderung bereits bei der Einschulung erkennbar ist und die als behinderte Kinder in Integrationsklassen aufgenommen werden können' (15). Ferner machen die Eltern sprachauffälliger Schülerinnen und Schüler überproportional von der Möglichkeit Gebrauch, ihre Kinder gleich bei Schuleintritt als ‚sprachbehindert' in Sprachheilklassen und Kombinationsklassen für sprachbehinderte und nichtbehinderte Kinder einzuschulen" (Bleidick 1999, 127).

Kompensierbarkeit frühkindlicher Entwicklungsdefizite und ungünstiger Sozialisationserfahrungen waren unter den gegebenen, relativ günstigen Bedingungen recht enge Grenzen gesetzt.[3]

Darauf verweist auch der folgende Befund. Lehrerinnen und Lehrer wurden gebeten, diejenigen Schülerinnen und Schüler zu benennen, die nach den gängigen Kriterien auf eine Sonderschule zu überweisen wären. „Die Zählung ergibt 22,2% der Kinder in Integrativen Regelklassen gegenüber 7,9% in Kontrollklassen" (Bleidick 1999, 130; vgl. Hinz et al. 1998, 94 f.), wobei die faktischen Überweisungsquoten der „Integrativen Regelklassen" deutlich geringer ausfielen. Sie liegen aber immer noch bei über 5% (Hinz et al. 1998, 35). Mitbedacht werden muss dabei allerdings, dass das ursprünglich geplante „interschulische Selektionsverbot" nicht durchgängig eingehalten wurde, es also doch vorzeitige Abschulungen auf Förderschulen gab.

Das bedeutet, dass ein unübersehbarer Anteil von Schülerinnen und Schülern nach wie vor einer gezielten sonderpädagogischen Förderung bedarf. Es muss konstatiert werden, so heißt es im Endbericht, dass der Schulversuch „nicht zur Reduzierung des sonderpädagogischen Förderbedarfs nach Ende der Grundschulzeit geführt hat" (Hinz et al. 1998, 112). „An der relativen Quote ‚sonderschulbedürftiger' Kinder ändert sich trotz Integration nichts" (Wocken 2001, 394).

Gleichwohl sind auch die darüber hinaus gehenden subjektiven Einschätzungen der Lehrkräfte „Integrativer Regelklassen" bemerkenswert: Sie gehen davon aus, dass sich die persönliche Entwicklung einer erheblichen Zahl von Schülerinnen und Schülern als problematisch darstellt, in einem Maß, das die Kontrollklassen weit überschreitet. Dies gilt auch dann noch, wenn man bedenkt, dass die Kontrollklassen zwischenzeitlich mehr Schüler abgegeben haben. Ein Grund dafür mag darin liegen, dass die pädagogische Arbeit erheblich komplexer geworden ist. Sie beinhaltet auf unterschiedlichen Ebenen hohe fachliche wie persönliche Anforderungen, die nicht eben leicht zu erfüllen sind. Insofern mag sich in diesem Ergebnis ein Bedauern darüber ausdrücken, dass die pädagogische Arbeit – bei allen sonstigen Erfolgen – bei einer nennenswerten

---

3 Damit ist genau das eingetreten, was bei der „Beschulung so genannter Lernbehinderter in Sonderschulen" (Hildeschmidt & Sander 1996, 166 ff.) so vehement beklagt wird.

Zahl von Kindern nicht die gewünschten bzw. für notwendig gehaltenen Effekte gezeitigt hat. Auch dürfte ein durch die Kooperation mit Sonderpädagogen geschärfter Blick für besondere kindliche Entwicklungsschwierigkeiten zu dieser Bewertung beitragen.

Es ist hier nicht der Ort, dieses Ergebnis genauer zu analysieren. Auf einen wichtigen Aspekt wird an anderer Stelle eingegangen: die Dekategorisierung sonderpädagogischer Begriffe, die im Hamburger Schulversuch bezüglich der drei genannten Personengruppen erfolgte. In der Inklusion soll sie in weitaus radikalerer Form realisiert werden: Als Abschaffung jeglichen personenbezogenen Behinderungsbegriffes, mit dem Ziel, einen gravierenden Wandel auf der Interventionsebene und in der pädagogischen Beziehung herbeizuführen.

Doch zurück zum Hamburger Schulversuch. Die Ergebnisdiskussion fällt unter den Mitarbeitern der wissenschaftlichen Begleitung kontrovers aus, was anlässlich der Komplexität des Untersuchungsgegenstandes kaum verwunderlich ist. Katzenbach (2000, 2001) setzt sich speziell mit der Situation von Kindern mit Lernbeeinträchtigungen auseinander und sorgt sich darüber, dass die Sonderschulbedürftigkeit am Ende des Schulversuches nicht gesunken ist: „Präventive Effekte konnten ... nicht festgestellt werden" (Katzenbach 2000, 231). Kinder, die mit besonderen Lernschwierigkeiten in den Schulversuch eingehen, weisen diese im statistischen Mittel am Ende immer noch auf. Katzenbach vertritt dennoch einen pädagogisch optimistischen Standpunkt. Ausgehend von den vorgefundenen unterschiedlichen schulischen Entwicklungsverläufen, hält er das gehäuft ungünstige Herkunftsmilieu dieser Kinder nicht für ausschließlich prägend. Deshalb wird die schulische Verantwortung für die Entwicklungsfortschritte auch dieser Kinder betont. Die Suche nach einer Optimierung der pädagogischen Praxis vor Ort müsse intensiviert werden, davon ist Katzenbach überzeugt, durchaus auch mit einem kritischen Blick auf den Hamburger Schulversuch, dessen Gefahren wie Möglichkeiten er gleichermaßen sieht.

Wocken setzt hingegen auf die Akzeptanz einer im Wesentlichen als unveränderlich bewerteten Unterschiedlichkeit. Aus zwei Gründen: Zum einen hält er die kindliche Entwicklung für weitgehend durch das Herkunftsmilieu determiniert, „die pädagogische Kompensation gesellschaftlicher Benachteiligungen [ist] eine schwerlich realisierbare Aufgabe" (Wocken 2001, 400). Denn faktisch gilt für den Schulversuch:

„Der Unterschied zwischen Versuchs- und Kontrollschulen besteht ... nicht in der Anzahl der Selektionen, sondern lediglich im Zeitpunkt der Selektion. Die Kontrollschulen überweisen vor und während der Grundschulzeit zur Sonderschule, die Versuchsschulen am Ende" (Wocken 2001, 394 f.). Die integrativ beschulten Kinder seien leistungsmäßig „nicht durch Integration ‚schlechter' geworden, sondern sie sind trotz Integration ‚schlechter' geblieben" (Wocken 2001, 400). Dies sei zu akzeptieren und dürfe keinesfalls als Argument gegen eine erfolgreiche Integration angeführt werden.

Der zweite von Wocken angeführte Grund beruht auf einer grundlegenden Skepsis gegenüber Versuchen, behinderte Kinder an Normalitätsstandards zu messen und sie ihnen anzupassen. Es dürfe deshalb auch gar nicht das vordringliche Ziel sein, für einen solchen Ausgleich zu sorgen. „Wären etwa Prävention und Kompensation Auftrag und Aufgabe des Schulversuchs gewesen, dann hätte er sein Ziel verfehlt. Integration war und ist aber kein Unternehmen zur Abschaffung von Behinderungen, sondern zur Akzeptanz von Behinderungen" (Wocken 2001, 401). Oder, wie Hinz (1998, 142) an anderer Stelle sinngleich formuliert, behinderte Kinder dürften nicht dem Diktat „mittelschichtsorientierte[r] Normalitätskonzepte" unterworfen werden. Diese Aussage bezieht sich wohlgemerkt auch auf Kinder, die besondere Schwierigkeiten im Lernen haben.

Ein weiteres Resultat der Untersuchung, soeben bereits angedeutet, ist von kaum zu unterschätzender Bedeutung. Die Differenzen zwischen den einzelnen Schulklassen fallen außerordentlich groß aus. Die entscheidende Größe für das Gelingen oder Misslingen pädagogischer Arbeit liegt also nicht in allgemeinen Systemeffekten, sondern in der Qualität der pädagogischen Arbeit vor Ort. Dazu Bleidick (1999, 131): „Die wichtigste Erkenntnis lautet jedoch: Klasseneffekte sind allemal größer als Systemeffekte. Das gilt sowohl für die Leistungsentwicklung als besonders auch für die soziale Position der benachteiligten Kinder in Integrativen Regelklassen. Es gibt in allen ... Versuchsgruppen gute und schlechte Klassen. Der Schulerfolg und die emotional-soziale Befindlichkeit eines Kindes hängen nicht in erster Linie von der Zugehörigkeit zu einem System – Integrative Regelklasse versus übliche Grundschulklasse – ab. Die jeweilige Bezugsgruppe des Lernorts entscheidet. Diese nüchterne Einsicht jenseits aller ideologischen Debatten um die Richtigkeit von Schulsystem-Vorgaben besteht, seit Rutter und andere die Schulatmosphäre von ‚Fünfzehntausend Stunden' (1980) beschrieben haben, und sie finden sich in Hamburg wieder einmal bestätigt."

Zusammenfassend lässt sich festhalten, dass der Hamburger Schulversuch – ebenso wie andere Untersuchungen auch – sehr unterschiedlich gelagerte, teils gegenläufige Ergebnisse hervorgebracht hat, die sich nicht widerspruchsfrei miteinander vereinen lassen. In einem wichtigen Punkt stehen sie den von Haeberlin et al. (1991), Tent et al. (1991) und Huber (2006, 2009) gewonnenen Erkenntnissen entgegen: Die soziale und psychische Situation der behinderten Kinder stellt sich hier deutlich günstiger dar; sie erweist sich damit nicht als zentrales Problemfeld einer integrativen Beschulung. Anders sieht es im Bereich der Leistungsentwicklung aus, mit Ergebnissen, die aus systemvergleichender Sicht für den Schulversuch enttäuschend ausfallen.

Aufgrund der Komplexität des untersuchten Gegenstandes und der erwartbar widersprüchlichen Befundlage kann es kaum verwundern, dass die vorgelegten Befunde kontrovers diskutiert werden, wissenschaftlich ebenso wie in der öffentlichen Diskussion. So auch beim Hamburger Schulversuch – und dort mit besonderer Heftigkeit. Während die renommierte Wissenschaftsjournalistin Heike Schmoll (1999) von einem Scheitern dieses Versuches spricht, halten ihr die Autoren der Studie entgegen, nunmehr sei positiv erwiesen, dass Integration machbar ist (Schuck et al. 1999). Nachvollziehbare Argumente gibt es auf beiden Seiten, wobei die Überlegungen Schmolls nicht so abwegig sind, wie das gereizt reagierende Autorenkollektiv behauptet. Diese Kontroverse ist übrigens ein erneuter Beleg dafür, dass es sich verbietet, aus derartigen Untersuchungen schulpolitische Konsequenzen zu ziehen. Gradlinige Ableitungen mit einem auch nur halbwegs eindeutigen Ergebnis sind in aller Regel nicht möglich, darauf haben unter anderem Tent et al. (1991) hingewiesen.

Die Art und Weise, wie ein Schulsystem organisiert ist und wie Veränderungen gestaltet werden, ist und bleibt die Folge politischer Entscheidungen. „Integration ist eine Wertentscheidung und nicht empirisch zu erweisen" (Wocken 2006, 102). Wissenschaftliche Erkenntnisse können zu Rate gezogen werden, als Unterstützung oder ergänzende Begründung für den einen oder anderen Weg. Ersetzen können sie die politische, aus vielfältigen, teils schwer durchschaubaren Quellen genährte Willensbildung aber nicht. Schulpolitische Entscheidungen folgen ihrer eigenen Logik und Wissenschaftler sollten klug genug sein, dies zur Kenntnis zu nehmen. Ihre Aufgabe kann beratend nur darin liegen, auf mehr oder weniger wahrscheinliche Konsequenzen hinzuweisen, Möglichkeiten wie auch Gefahren aufzuzeigen, Vor- wie Nachteile der jeweiligen Optionen zu benennen.

In diesem Sinne versteht sich die bisherige Darstellung, die in möglichst großer Offenheit für die Komplexität der hier diskutierten Fragen sensibilisieren will. Sie enthält deshalb auch kein radikales Plädoyer für oder gegen die schulische Integration, das keine vermittelnden Positionen mehr zulässt. Dabei ist es unumgänglich, dass auch ausführlich über jene Erkenntnisse berichtet wird, die zu Bedenken gegenüber einem Integrationsbegehren führen müssen, das sich selbst häufig kaum noch für hinterfragbar hält. Eine Ablehnung des Integrationsgedankens bedeutet dies natürlich nicht, auch wenn kritische und relativierende Stimmen gegenwärtig leicht als unzeitgemäß gebranntmarkt werden. Sie seien, so heißt es bei vielen Integrationsbefürwortern, fachlich nicht mehr auf der Höhe der Zeit und, vor allem bezüglich des noch weitergehenden Inklusionsgedankens, moralisch antiquiert und politisch inkorrekt. Ich komme darauf zurück.

Eine spezielle Beschulung macht dann keinen Sinn, wenn den Entwicklungsbedürfnissen behinderter Kinder und Jugendlicher anderenorts ebenso gut oder besser entsprochen werden. Hinzu kommt, und das wird oft übersehen, dass auch Entwicklungsnotwendigkeiten erfüllt werden müssen, die außerhalb einer persönlichen Beliebigkeit liegen. Vieles spricht für undogmatische Lösungen, die von der betroffenen Person und den Bedingungen ihres Umfelds ausgehen und unterschiedliche schulische Entwicklungswege für möglich halten. Also dafür, dass „die Offenheit, die Freiheit und die Vielfalt schulische[r] Organisationsformen der Erziehung und Bildung von behinderten Kindern und Jugendlichen" (Bleidick 1999, 136) aufrechterhalten und gewährleistet wird.

Dabei ist zu bedenken, dass schulorganisatorische und -strukturelle Vorgaben nicht per se pädagogisch wirken, sich deshalb auch nicht aus sich selbst heraus als heilsam erweisen können. Sie stellen vielmehr Rahmenbedingungen für die pädagogische Arbeit dar, die sich mehr oder weniger gut ausfüllen lassen. Die außerordentlich große Variation

41

der in den Schulklassen erbrachten Leistungen belegt dies, unabhängig von dem jeweiligen System. Das atmosphärische Klima der Lerngruppe hat sich als eine maßgebliche Größe für den schulischen Erfolg erwiesen, gebunden an die jeweiligen didaktischen Qualifikationen und die Qualität der pädagogischen Beziehungen. Allen voran steht die Wirkung der Lehrerpersönlichkeit (vgl. Felten 2010). Die Verbesserung der Qualität pädagogischer Arbeit muss deshalb zur vordinglichen Aufgabe werden – in jeder schulischen Organisationsform. Bedauerlicherweise wird darüber vergleichsweise wenig nachgedacht, dieses Thema verblasst hinter den allgegenwärtigen Organisationsdebatten.

Allzu viel sollte man sich also von der Organisationsdiskussion nicht versprechen. Und auch nicht von der fast permanenten Reform des Schulwesens, die viele Bundesländer in den letzten Jahrzehnten erlebt haben. Ihr Ergebnis ist wahrlich nicht berauschend: Die Klage über den als unzureichend bewerteten schulischen Leistungsstand, die seit der PISA-Studie besonders aktuell ist, wird sich mit diesem Umstand auseinandersetzen müssen. Ganz offensichtlich haben die zahlreichen, Zeit versetzt oder auch gegenläufig erfolgten Reformen nicht zu den gewünschten Ergebnissen geführt. Eher dürfte das Gegenteil der Fall sein, wie Brenner (2006, 161 ff.) im Einzelnen ausführt. Am erfolgreichsten sind im nationalen und internationalen Vergleich diejenigen Bundesländer gewesen, die nur relativ wenige Schulreformen und diese bedacht durchgeführt haben.

4

Inklusion – Oder: bis alle Unterschiede eingeebnet sind

In dem oftmals euphorisch unterlegten Plädoyer für eine inklusive Schule wird die soeben beschriebene Komplexität der Verhältnisse nicht bedacht. Vor dem Hintergrund einer globalen Verpflichtung, die kaum noch für hinterfragbar gehalten wird, verblasst die Notwendigkeit einer detailgetreuen und kleinschrittigen Auseinandersetzung mit der Realität vor Ort. So ist zum Beispiel die von Seitz (2008, 226) formulierte Aussage, „die positive Wirksamkeit Gemeinsamen Unterrichts [sei] seit langem erwiesen", aufgrund des vorliegenden Erkenntnisstandes schlichtweg unzutreffend.[4] Preuss-Lausitz (2002, 463), der von Seitz herangezogen wird, geht in seinem Buch über Integrationspä-

---

4 „Die immer wieder aufgewärmte Behauptung, wonach in begabungs- und leistungsheterogenen Lerngruppen und Einheitsschulen eine Minderung der Leistungsunterschiede bei gleichzeitiger Verbesserung der Leistungsförderung aller möglich sei, ist eindeutig empirisch widerlegt" (Heller 2010). Heller ist einer der kenntnisreichsten empirischen Bildungsforscher.

dagogik von einer Elternzufriedenheit im Gemeinsamen Unterricht aus und legt dazu entsprechende empirische Befunde vor. Er lässt aber die zusammenfassende, inzwischen vielfach replizierte Erkenntnis Goetzes (1990) unerwähnt, der bei verhaltensgestörten Schülern zu einem gegenteiligen Ergebnis kommt. Bemerkenswerterweise handelt es sich um diejenige Personengruppe, die in Grund- und Hauptschulen die größten sozialen Probleme bereitet. Weiterhin wird von Preuss-Lausitz (2002) die These zurückgewiesen, dass integrativ beschulte Kinder mit sonderpädagogischem Förderbedarf gehäuft in eine bedrückende, sie psychisch belastende Position geraten. Haeberlin et al. (1991, 327) haben bei der größten Behindertengruppe, den Schülern mit Lernbehinderungen, „mit ungewöhnlicher Eindeutigkeit" ein ganz anderes, dem widersprechendes Ergebnis gewonnen. Erwähnt wird diese Arbeit im vorliegenden Kontext nicht. Hildeschmidt & Sander (1996) berichten über die vorliegende Befundlage zur kognitiven, emotionalen und sozialen Entwicklung „so genannter Lernbehinderter", verbunden mit einer Empfehlung zur Auflösung von Sonderschulen, die mit dem vorgestellten Datenmaterial schwerlich kompatibel ist. Die Reihe entsprechender Beispiele ließe sich fast beliebig fortführen. Die Forderung nach schulstrukturellen Veränderungen wird monoton wiederholt, auch von einer Vielzahl anderer Autoren, unter Bezugnahme auf eine vermeintlich eindeutige Befundlage, die sich einer kritischen Betrachtung enthält.

Die genannten Einwände hindern radikale Integrationsbefürworter und die Heroen der Inklusionsbewegung nicht daran, den eigenen Weg für den ausschließlich richtigen zu halten. Durch die bestehende Faktenlage, die Komplexität und die Widersprüchlichkeit der vorgefundenen Gegebenheiten lassen sie sich kaum beeindrucken. So ist für Wocken, einen der vehementesten Integrations- und nunmehr auch Inklusionsbefürworter, die Gemeinsamkeit aller Kinder das unumstößlich oberste Ziel. Um dieses Ideal zu bewahren, ist er bereit, einen hohen Preis zu zahlen. Bezogen auf den Hamburger Schulversuch, den er selbst wissenschaftlich begleitet hat, findet sich bei ihm folgende Gesamtbewertung: „Die Negativbilanz der Integrativen Regelklassen ist in der Summe der Fakten bestürzend: weniger gymnasiale Empfehlungen, keine Reduktion von Sonderschulüberweisungen, durchgängiger Leistungsrückstand der Integrativen Regelklassen" (Wocken 2001, 396). Dennoch mutiert diese ungünstige Entwicklung, die in Wockens Augen empirisch zweifelsfrei belegt ist, zu einem randständigen Phänomen. Sie wird in Kauf genommen, sorglos und ohne Bedauern. Tapfer beharrt Wocken darauf, dass es nicht das Ziel von Integration und Inklusion sei, Behinderungen abzuschaffen.

Der Hamburger Schulversuch, daran sei hier noch einmal erinnert, ist in gewisser Weise der Inklusionsidee verpflichtet gewesen. In die untersuchten integrativen Grundschulklassen sollten alle Kinder der Region mit besonderen Schwierigkeiten des Lernens, der Sprachentwicklung und des Verhaltens eingehen, ohne dass sie speziell diagnostiziert und mit einen sonderpädagogischem Förderbedarf versehen wurden.

Die unbedingte Teilhabe und Gemeinsamkeit aller Kinder gilt für radikale Inklusionsbefürworter als ein übergreifender Wert, hinter dem alle anders gelagerten Werte und kritischen Einwände zurückzustehen haben. Das erklärt, wieso das Inklusionsanliegen so vehement und mit (über)großer Selbstgewissheit vertreten wird, teilweise in bemerkenswert lockerer Bezugnahme zur empirischen Realität. Vielfach paart sich die selektive Wahrnehmung oder höchst einseitige Interpretation hiesiger Verhältnisse mit einem von Sorgen befreiten Blick in die Ferne. Dort, in anderen Ländern, sollen die hier aufgeworfenen Probleme nicht existieren oder in einem unvergleichlich besseren Maße gelöst werden – dank eines anders gestalteten Schulsystems, das allein einen humanen Umgang ermöglicht. Dass die Verhältnisse auch dort nicht widerspruchsfrei sind und vielfach ähnliche oder gleiche pädagogische Probleme wie hierzulande existieren, wird nur ungern zur Kenntnis genommen (zum Beispiel: Schröder 1999, Kaufman & Hallahan 2005; Barow & Persson 2011; Willmann 2011).

Sicherlich kann ein unvoreingenommener Blick auf Erfahrungen, die im internationalen Feld gesammelt wurden, zu wichtigen Erkenntnissen führen, die sich auch hierzulande gewinnbringend umsetzen lassen. Ebenso wie die dort erhobene empirische Befundlage die nationale Fachdiskussion zu befruchten vermag. Das ist unbestritten und zwingend notwendig. Eine Idealisierung oder gar Idolisierung mehr oder weniger ferner Verhältnisse ist jedoch ein denkbar schlechter Ratgeber, wenn es darum geht, mit Bedacht über notwendige Reformen oder unsinnige Reformvorschläge nachzudenken. Die Gelassenheit, die in den skandinavischen Ländern existiert, wenn es um die Bewertung und Veränderung von Schulstrukturen geht, könnte aber auch für die hiesige Diskussion von Vorteil sein. Doch davon ist, wie die weiteren Ausführen zeigen, der bundesrepublikanische Diskurs weit entfernt.

Der teilweise wenig bedachte Umgang mit der empirischen Befundlage ist sicherlich kein Zufall. Ein wichtiger Grund dafür dürfte in der affektiven Aufladung liegen, mit der zunächst das Integrations- und nunmehr auch das Inklusionsbegehren vertreten und begründet wird. Mit heftigem Furor wird auf universale Menschenrechte rekurriert, eine globale Teilhabe Behinderter in allen gesellschaftlichen Bereichen gefordert und mit unumstößlicher Gewissheit davon ausgegangen, dass auch das deutsche Schulsystem inkludiert, als „Schule für alle" organisiert sein müsse. Dabei ist das Anliegen, die Lebenssituation von Menschen mit Behinderung zu verbessern, überhaupt nicht strittig. Es sei hier nur daran erinnert, dass die Grundgesetzerweiterung vom 27. Oktober 1994 (Art. 3 Abs. 3 Satz 2) ausdrücklich und in elementarer Weise genau darauf abzielt: „Niemand darf wegen seiner Behinderung benachteiligt werden", so heißt es dort. Damit ist ein gewichtiger Auftrag formuliert, der in der UN-Konvention noch einmal bestätigt und bestärkt wird. Zweifelsfrei gehen von ihr, der UN-Konvention, weitere wichtige Impulse aus. Solche, die sich auf die katastrophale schulische und Lebenssituation von Menschen mit Behinderung in vielen Ländern der Erde beziehen, und andere, die zur Verbesserung in Ländern beitragen können, in denen behinderten Menschen bereits eine erhebliche Aufmerksamkeit geschenkt wird.

Problematisch wird es allerdings dann, wenn ein bestimmtes Verständnis von Inklusion, bei fachlich dissenter Begriffsdefinition, mit Absolutheitsanspruch vertreten wird und als nicht mehr dialogfähiger Wert auftritt. Das ist dann der Fall, wenn die bestehende Ordnung als grundlegendes Unrecht aufgefasst und global als menschenrechtswidrig, wenn nicht gar menschenverachtend gekennzeichnet wird. Wenn „Integration als Menschenrecht erkannt wird, müssen die notwendigen politischen Maßnahmen ergriffen werden, damit ‚die Herrschaft der Schnellsten, Klügsten und Skrupellosesten beendet und durch die Herrschaft des Rechts' ersetzt wird, wie Zygmunt Baumann in seinem Werk über die ‚Ausgegrenzten der Moderne' ... (2006, 124) schreibt" (Feuser 2008, 3). Und Hinz (2009, 173) hält die folgende „Kritik der Inklusion" für zutreffend: Die „‚Sprache des sonderpädagogischen Förderbedarfs' [sei] ebenso diskriminierend ... wie die sexistische und rassistische Sprache" (vgl. Kap. 7 im vorliegenden Band). Über diese Äußerungen möge sich der Leser selbst ein Urteil bilden. Sie beziehen sich wohlgemerkt auf das deutsche (Sonder-)Schulsystem und den sonderpädagogischen Förderbedarf, auch dann, wenn er integrativ realisiert wird.

Durch einen dermaßen heftigen „moralischen" Impetus und die scharfe Verurteilung derer, die eine andere Position einnehmen und somit „anders sind", wird eine fachlich abwägende Auseinandersetzung erschwert, wenn nicht gar unmöglich gemacht. Der Raum für einen unaufgeregten, auch die eigenen Intentionen kritisch reflektierenden Diskurs verengt sich. Es besteht die Gefahr, dass er sich auf solche Randbereiche beschränkt, die gefahrlos betreten werden können – ohne massiven Entwertungen und Vorwürfen ausgesetzt zu sein.

Eine Durchsicht der einschlägigen sonderpädagogischen Fachliteratur zeigt, dass dem Inklusionsbegehren kaum grundlegend widersprochen wird. Die allermeisten Beiträge stimmen ihm zu, explizit oder implizit, auch dann, wenn sie einzelne kritische Punkte benennen oder auf Schwierigkeiten der Realisierung verweisen. Dabei bleibt unklar, was es bedeutet, wenn die Inklusion als Fernziel beschrieben wird. Ist damit ein Ziel gemeint, das mit einigen Zwischenschritten realiter für erreichbar gehalten wird? Oder handelt es sich um eine Utopie, die von den Autoren als Ideal verstanden wird, wohl wissend, dass ihr die Wirklichkeit nicht standhält? Man erfährt es nicht.

Zu den wenigen prononcierten Kritikern der Inklusion gehören Ackermann (2010), Hiller (2010), Schroeder (2007) und Kobi (2008). Ihr Anliegen ist unterschiedlich gelagert, bezogen auf den Gesamtentwurf einer totalen Inklusion bei Ackermann, die gefürchtete erneute Benachteiligung bestimmter Personengruppen bei Hiller und Schroeder oder die Sorge Kobis, die Freiheit der Person könne unter dem Inklusionsentwurf leiden.

Ackermann (2010, 241) konstatiert zunächst, dass in der gegenwärtigen Inklusionsdiskussion „offensichtlich von einem Inklusions-Verständnis ausgegangen [wird], das mit seinem Total-Anspruch unversehens auch totalisierende Züge annehmen kann". Es gehe um alles oder nichts: Eine vollständige Zugehörigkeit, die weder Grenzen noch Ausnahmen kennt, oder einen totalen Ausschluss, der keine Verbindung mehr zulässt. Für die radikalen Inklusionsbefürworter sei das die einzige Alternative, die sich stelle, sie lasse nur ein dichotomes Für oder Wider zu. Alle dazwischen liegenden Differenzierungen und vermittelnde Positionen gelten im Kern als bedeutungslos, da sie von der entscheidenden Grundsatzentscheidung ablenken.

Damit werde, so Ackermann, eine sträfliche Nivellierung bestehender Unterschiede betrieben und eine Harmonisierung von Differenzen vorgenommen, über die man nicht hinweggehen dürfe. Ackermann argumentiert vor allem soziologisch: Ihn beschäftigt die Frage, ob sich das als alternativlos dargestellte Konzept einer totalen Inklusion überhaupt mit den Gegebenheiten einer hoch differenzierten und sich zunehmend individualisierenden Gesellschaft vereinbaren lässt.

Die Antwort darauf fällt, unter Bezugnahme auf Burzan et al. (2008), sehr skeptisch aus (vgl. Kap. 6). Eine totale Inklusion laufe „an den Möglichkeiten … der heutigen funktional differenzierten Gesellschaft völlig vorbei", so lautet sein Resümee (Ackermann 2010, 242). Und weiterhin: „Angesichts der Tatsache, dass Inklusion in der modernen Gesellschaft als Partialinklusion, d. h. als Inklusion in einige bzw. verschiedene Teilsysteme der Gesellschaft abläuft – und dass eine Person als Ganze in keinem Teilsystem gefragt ist, sondern immer nur im Blick auf einige Rollen – muss die verklärende Rede von Inklusion und die hiermit einhergehende Hoffnung auf ‚Totalinklusion' als das bezeichnet werden, was sie ist: *Inklusions-Kitsch*! Kitsch, der zugunsten der Harmonisierung die tatsächlichen Differenzen verdeckt und diese erst gar nicht sichtbar werden lässt" (Ackermann 2010, 242 f.; kursiv im Original).

Hiller hat sich in seinen Schriften intensiv mit schulischen Entwicklungsbedingungen und der außerschulischen Lebensrealität von Kindern und Jugendlichen mit dem Förderschwerpunkt Lernen auseinandergesetzt. Sein besonderes Interesse gilt der sozialen Herkunft dieser Schüler und den Folgen, die sich daraus für ihr weiteres Leben ergeben. Die überwältigende Mehrheit der Kinder mit Lernbeeinträchtigungen kommt aus einem sozial unterprivilegierten Milieu, mit hohen Arbeitslosigkeitsquoten, geringem Einkommen, oft unsicheren Arbeitsverhältnissen und geringen Zukunftsperspektiven. Die Stabilität familiärer Verhältnisse ist vergleichsweise gering, Trennungen und fragile Patchworkverhältnisse treten gehäuft auf. Als entscheidendes Merkmal, das der Weiterentwicklung dieser Schüler im Weg steht, erweist sich ein geringes soziokulturelles Anregungsmilieu, eine komplexe Größe, die mit materieller Armut nur begrenzt korrespondiert. Mit einiger Wahrscheinlichkeit werden sie später ein Leben führen, das dem ihrer Eltern beziehungsweise Elternteile entspricht oder ihm sehr nahe kommt. Zu großen Teilen gelingt es ihnen nicht, die Grenzen und Fesseln des Herkunftsmilieus zu überwinden.

Belegt wird dies von Hiller (2010) unter anderem damit, dass Schüler an Förderschulen mit dem Schwerpunkt Lernen nur geringe schulische Abschlussquoten erreichen. Sie reihen sich dadurch in eine andere, noch größere Gruppe von Schülern ein, die die allgemeine Schule ohne Hauptschulabschluss verlässt. Ihre Chancen, sich auf dem Arbeitsmarkt erfolgreich zu integrieren, sind gering; eine Berufsausbildung ist ihnen weitgehend verschlossen. Diese missliche Realität müsse ohne Abstriche anerkannt werden. Es gelte deshalb, die davon betroffenen Kinder und Jugendlichen parteilich so gut wie möglich auf ein Leben vorzubereiten, das teilweise unter bedrückenden Vorzeichen stehen wird. „Fit machen für die Lebenslagen, in denen sie stecken, und zurüsten für das, was ihnen blüht, halte ich für die vordringlichsten Ziele im Blick auf jene, die heute Schulen für Lernhilfe, aber auch Hauptschulen besuchen und von dort mit einem Bildungskapital entlassen werden, das weder den Zugang zu bürgerlichen Karrieren eröffnet noch zu einem (Über-) Leben am Rande der guten Gesellschaft wirklich befähigt" (Hiller 2010, 404). Das sind harte Worte: Man mag sie für übertrieben pessimistisch halten, auch für ein wenig verbittert, gleichwohl spiegeln sie einen unübersehbaren Teil gesellschaftlicher Realität wider.

Die Schule bereite darauf nicht adäquat vor, so fährt Hiller fort, obgleich sie durchaus dazu in der Lage sei. Gefordert wird deshalb die Vermittlung eines auf die besondere Lebenssituation abgestimmten Handlungs- und Wissensrepertoires, verbunden mit Orientierungen, Verhaltensroutinen und alltäglichen Kompetenzen, die milieuspezifisch von großem Wert sein können. Eine uneingeschränkte Anerkennung der spezifischen Lebensbedingungen dieser Kinder gilt als Voraussetzung dafür, dass diese Aufgabe gelingt. Und weiterhin, dass nicht – wie im gegenwärtigen Integrations- und Inklusionsdiskurs – „wider besseres Wissen die Hoffnung [ge]nährt [wird], ein ungelöstes Problem des Gesellschaft [sei] insgesamt ... durch Umbau der Schulstruktur und durch schulpädagogische Programme zu bewältigen" (Hiller 2010, 403).

49

Die schulische Integration oder gar Inklusion löst demnach die zentralen Lebensprobleme dieser Schülergruppe nicht. Dies anzunehmen, sei eine Illusion: Sie verkenne die Macht der äußeren Lebensrealität. Zugleich übersehe sie, dass diese Kinder auch unter veränderten schulischen Bedingungen zu den Ausgegrenzten gehören werden – aufgrund ihrer Herkunft und weiterer Lebensperspektive, und umso stärker, je mehr sich ihre Schullaufbahn dem Ende zuneigt. Vor diesem Hintergrund kritisiert Hiller (2010, 403) das stillschweigendes Dogma, „die Angebote und Anforderungen der allgemeinen Schulen [seien] ausnahmslos für alle nützlich und zweckdienlich ... Integrationisten, Inklusionisten und Förderpädagogen ... glauben an die wahrhaft ‚katholische‘ Funktion der allgemeinen Schulen. ‚Katholisch‘ ist ein dem Griechischen entlehntes Adjektiv, das etwas meint, das ‚alle betrifft‘ und jede Besonderheit abwehrt.“ Das Begehren nach einer bedingungslosen Gemeinsamkeit aller Schüler hält Hiller für ein realitätsflüchtiges Unternehmen, einen Anachronismus, der mit den Gegebenheiten einer hoch differenzierten Gesellschaft unvereinbar ist. Der Schaden, der dadurch entsteht, lässt sich in seinen Augen klar umreißen. Er betrifft vor allem eine Personengruppe, die bereits durch ihre Herkunft zu den Verlierern gehört. Die Verleugnung ihrer Besonderheit habe zur Folge, dass sie nunmehr zum zweiten Mal um ihre Chancen gebracht werden, so gering diese auch sein mögen. In diesem Fall durch einen ungebremsten Einheitsgedanken, der keine Vorstellung davon hat, dass sich Trennendes auch fruchtbringend auswirken kann.

Hillers provokante Überlegungen laden ihrerseits zu Kritik ein. Sie gehen in starkem Maße von Unveränderlichkeiten aus, stehen in der Gefahr, dass sich ihr Blick auf die Vergangenheit allzu kraftvoll in die Zukunft prolongiert. Persönliche wie gesellschaftliche Entwicklungspotenziale und Möglichkeitsräume können dadurch unterschätzt werden, mit der Folge, dass der pädagogische Optimismus allzu sehr darunter leidet.

All das mag sein. Gleichwohl dienen Hillers Ausführungen dazu, die Selbstverständlichkeit zu hinterfragen, mit der eine Schule für alle gefordert wird. Sie muss nicht für jedes Kind in jeder Lebenssituation gut sein, das ist sein Resümee, und darüber gilt es ernsthaft nachzudenken. Auch im Hinblick auf das Unterrichtsgeschehen selbst. „Integrativer Unterricht wird axiomatisch mit gutem Unterricht gleichgesetzt", so ist bei Markowetz (2004, 167) zu lesen, obgleich „die Frage nach einer integrativen Didaktik nie richtig gestellt" wurde. Die Erwartungen an einen inklusiven Unterricht sind ebenso hoch, wenn nicht noch höher. Wie er genau aussehen soll, der Unterricht, der nunmehr wirklich allen Kindern gleichermaßen gerecht wird, dazu gibt es bisher nur begrenzte Erfahrungen. Die Zukunft wird zeigen, ob sich die in den inklusiven Unterricht gesteckten Hoffnungen auf breiter Ebene erfüllen lassen. Vor allem im Hinblick auf das Spannungsfeld zwischen hochgradiger Individualisierung und gleichzeitiger Gemeinsamkeit im Unterricht, der für Brenner (2009, 106) einen unlösbaren Widerspruch enthält.

Schroeder (2007) nimmt einige Überlegungen Hillers auf, zeichnet aber insgesamt ein zuversichtlicheres Bild und entfaltet eine eigene schulorganisatorische Perspektive. Wie unschwer empirisch zu belegen ist, führt eine wohnortnahe Beschulung zu einer nur geringen Durchmischung einzelner Schulklassen. Nach sozialen und ethnischen Kriterien entstehen auf diese Weise relativ homogene Gruppen, von wenigen Ausnahmen abgesehen. Das wiederum hat nichts mit der Gliedrigkeit des Schulsystems zu tun, dafür sind ganz andere Faktoren verantwortlich: „Soziale Brennpunkte und ethnische Gettos sind wahrlich nicht Folge der Mehrgliedrigkeit des Schulsystems, sondern Konsequenzen einer entsprechenden Wohnbau-, Sozial- und Arbeitsmarktpolitik" (Schroeder 2007, 210). Eine Schule für alle wird daran grundlegend nichts ändern können. Auch sie muss unter den genannten Gesichtspunkten mit einer homogenen Schülerschaft leben.

Aber auch diese sozial und ethisch recht einheitlichen Gruppen weisen immanent eine erhebliche Bandbreite an Entwicklungsinteressen und -notwendigkeiten auf, in Abhängigkeit von ihren jeweiligen Lebensbedingungen und Lern- und Entwicklungsvoraussetzungen. Für deutschsprachige Jugendliche in sozialen Brennpunkten kann es von höchster Bedeutung sein, dass sie gut auf den Berufsübergang vorbereitet werden. Ohne frühzeitige, intensive und zielgerichtete Interventionen wird sich diese schwierige Aufgabe kaum bewältigen lassen. Für Kinder und Jugendliche mit Migrationshintergrund und ungenügenden Sprachkenntnissen, in einer oder gar in beiden Sprachen, stellt sich die Situation anders dar. Sie benötigen unter anderem ausgefeilte bilinguale Angebote, die eine spätere Integration in unterschiedliche Lebenswelten ermöglichen. Kinder und Jugendliche mit einem ungesicherten Aufenthaltsstatus, und das sind nicht wenige, müssen auf ein Leben vorbereitet werden, das auch eine Rückkehr ins Heimatland einschließt. Die Reihe dieser von Schroeder genannten Beispiele ließe sich problemlos erweitern.

Schroeders Sorge ist nun, dass in der Inklusion der unterschiedlichen Bedürftigkeit von Schülern nicht ausreichend Rechnung getragen wird, trotz der zu erwartenden Homogenität einzelner Klassen. Die Ergebnisse kultursoziologischer und ethnographischer Untersuchungen sprechen aus seiner Sicht dagegen. Sie zeigen, dass es in Schulen einen Drang zur Vereinheitlichung gibt, eine Orientierung an und Fixierung auf ein Bildungskonzept, das vornehmlich einem bürgerlichen Bildungshabitus folgt. Die Konsequenz sei eine tendenziell „unerbittliche Nivellierung sozialer, kultureller und sprachlicher Differenzen …, in einem mehrgliedrigen Schulsystem und erst recht in einer Inklusiven Schule" (Schroeder 2007, 212). Ein Grund dafür liegt auf der Hand: Die Komplexität der soeben skizzierten Anforderungen ist erheblich und ihnen gleichermaßen gerecht zu werden, schwerlich vorstellbar. Schon gar nicht dann, wenn gruppenbezogen unterschiedliche Bildungskonzepte für zwingend notwendig gehalten werden.

Schroeder schlägt deshalb vor, einen anderen Weg zu gehen. Er plädiert für „milieusensible Bildungslandschaften", die spezifische Interessenlagen vor Ort aufnehmen und sich in unterschiedlich profilierten Schulen niederschlagen. Erst durch eine gezielte Profilierung könnten einzelne Schulen einer (inklusiven) Überforderung entgehen und pädagogisch handlungsfähig bleiben. Den Rahmen dafür soll eine kommunale Gesamtplanung bilden, die dafür sorgt, dass die Gesamtinteressen der Region schulisch adäquat abgebildet werden. Das ist der Kernpunkt, auf den es Schroeder ankommt. Sein Ziel ist eine „Pluralität von Bildungskonzepten", das Mittel, *„die Vielfalt pädagogisch in die Fläche zu entfalten"*. „In ihrer inneren Differenzierung [sollen] diese Schulen an Lebenslagen orientierte Bildungsgänge entwickeln, um inhaltliche didaktische und methodische Passgenauigkeit herzustellen" (Schroeder 2007, 212 bzw. 211; kursiv im Original).

Der Idee einer Einheitsschule, einer Schule für alle, wird also widersprochen; und zugleich der Anspruch einer „Pädagogik der Vielfalt" zurückgewiesen, sie repräsentiere den einzig gangbaren, sozial gerechten Weg für alle Kinder. Genau daran zweifelt der Autor und seine Argumente sind nicht von der Hand zu weisen. Schroeders Plädoyer ist aber

auch nicht, das sei hinzugefügt, auf den Erhalt der Schule für Lernbehinderte ausgerichtet. Dazu ist die Klientel, die er im Auge hat, viel zu breit
gestreut. Eine schulische Differenzierung hält er aber im Interesse bestimmter Kinder und Personengruppen für zwingend erforderlich.

Auch für Kobi (2008) ist eine Vielzahl von Angeboten mit einem
demokratischen Schul- und Erziehungswesen vereinbar. Mit einiger
Vehemenz wehrt er sich gegen den Anspruch, nur ein einziger schulorganisatorischer Weg sei mit einer demokratischen und humanen
Grundhaltung vereinbar. Was ihn besonders stört, ist der moralisierende Absolutheitsanspruch, mit dem Integration und Inklusion in Szene
gesetzt werden. „Integration, ursprünglich ein *polarer Strukturbegriff*,
der die Pole ‚Verbindung' und ‚Gliederung' umfasst, wurde mit der Be-
händigung durch die (Heil-)Pädagogik leider zu einem *unilateralen
Wertbegriff*, der das schlechthin Gute und einzig Richtige fasst, während
Differenzierung und Individualisierung – als Separation und Diskriminierung denunziert – als Menschen verachtendes Inhumanum gelten"
(Kobi 2008, 15). Mit gravierenden Folgen: Jede Art von schulorganisatorischer Differenzierung, speziell Sonderschulen, steht demnach unter
dem Verdacht, ein inhumanes Unterfangen zu sein. „Auf dem Weg zu
einer humanen Schule", so lautet eine populäre Formel, mit der die Forderung nach Inklusion unterlegt wird. Sie signalisiert, wie ernst es ihren
Betreibern damit ist, nur eine einzige Möglichkeitsform zuzulassen –
geleitet von „ekklesialen Alleinseligmachungsansprüchen", wie Kobi
(2008, 14) zugespitzt formuliert.

Kobi sieht die Gefahr, dass ein so verstandenes Inklusions-Konzept
in die Nähe einer „totalen Institution" gerät, der sich niemand entziehen kann. Das Freiheitsprinzip werde dadurch geschädigt: Wahlmöglichkeiten müssten erhalten bleiben, in einer variantenreichen Schule,
die gesonderte Wege zulässt und den Eigensinn Einzelner respektiert.
Großen Wert legt Kobi darauf, dass die Autonomie des Individuums
geachtet wird. Die (Selbst-)Anerkennung einer Person, ihre Eigendefi-
nition als Mensch mit einer Behinderung, das sind für ihn Kategorien
eigener Dignität, die sich im Sinne einer guten Entwicklung uniformis-
tischen Lösungen verschließen. Auch dann, wenn sie sich auf einen
hoch individualisierten Unterricht berufen.

Damit sind einige Gegenpositionen zu einem Inklusionsentwurf
formuliert, der die unteilbare Gemeinsamkeit aller einfordert. Auch

diese Beiträge berufen sich auf das Wohl des behinderten Kindes. Sie wollen ebenfalls sichern, dass die kindliche Entwicklung in optimalen Bahnen verläuft und eine adäquate Vorbereitung auf das spätere Leben erfolgt. Ihre Sorge ist, dass Kinder mit Behinderung in ein illusionäres Einheitsformat gepresst und sie schädigenden Absolutheitsansprüchen ausgesetzt werden. Sie möchten deshalb unterschiedliche institutionelle Wege offen halten: Zur Wahrung persönlicher Freiheitsrechte, um besonderen Bedürfnissen nach Zugehörigkeit und unterschiedlich gelagerten Entwicklungswünschen sowie -notwendigkeiten Rechnung zu tragen. Die Anerkennung und Akzeptanz von Menschen mit Behinderung liegt auch ihnen am Herzen, die bestmögliche Integration in das Leben ist gleichermaßen ihr Ziel, das sollte in Zeiten erregter Debatten nicht übersehen werden.

Mit dem allfälligen Verweis auf das gemeinsame Lernen wird, das sei abschließend angemerkt, ein wichtiges Faktum übersehen. Ein Grund dafür liegt in einem einseitigen Blick auf die von einer Behinderung betroffenen Kinder. Nur unzureichend ausgeprägt ist derzeit die Wahrnehmung des Umstandes, dass sich behinderte Schüler untereinander sehr viel geben und bedeuten können. Insbesondere, wenn sie in einem wichtigen Lebenssegment wie der Schule unter sich bleiben. Mitunter mag dies als besonders wertvoll erlebt werden und mehr sein, als es nicht-behinderte Kinder vermögen. Katzenbachs (2010, 106) inspirierende Ausführungen über Kinder mit einer geistigen Behinderung, die auf Honneths (1994) Anerkennungstheorie basieren, können als beispielhafter Beleg dafür gelten.[5] Die Möglichkeiten von Kindern mit Behinderung, sich gegenseitig zu bereichern, werden gegenwärtig vielfach unterschätzt, gepaart mit einer Überhöhung des kollektiven Gemeinwohls. Zumindest dann, wenn die ungeteilte Gemeinsamkeit immer und unter allen Umständen für jeden Menschen wohltuend sein soll.

---

5 Ein weiteres besonders eindrückliches Beispiel findet sich bei denjenigen stark hörgeschädigten Kindern, Jugendlichen und Erwachsenen, die in ihrer Kommunikation wesentlich auf die Gebärdensprache angewiesen sind. Ihr Wunsch, mit anderen Hörgeschädigten in Kontakt zu treten, sich mit ihnen in ihrer eigenen Sprache auszutauschen, ist außerordentlich stark entwickelt. Er ist schon deshalb unverzichtbar, weil sich darüber ein wesentlicher Teil ihrer Identität konstituiert (Ahrbeck 1997).

5

„Es ist normal, anders zu sein" – Ist es normal, anders zu sein?

Normalität ist ein schillernder Begriff, der sich je nach Betrachtungs-perspektive unterschiedlich darstellt und deshalb einer Differenzierung und Erläuterung bedarf. Mit der Normalisierungskategorie verhält es sich insofern anders, als sie ein fachlich festes Fundament aufweist. Das Normalisierungsprinzip ist 1959 zuerst in Dänemark gesetzlich einge-führt worden: Als ein sozialpolitisches Konzept mit dem Ziel, Men-schen mit geistiger Behinderung möglichst weitgehend am alltäglichen Leben teilnehmen zu lassen. Dieser Ausgangpunkt ist für die Konstitu-tion des Begriffes von einiger Bedeutung, da es sich um eine Personen-gruppe handelt, die in besonders starkem Maße aus dem Alltagsleben ausgeschlossen war.

Inzwischen hat sich das Normalisierungsprinzip erweitert, „als handlungsleitende Konzeption und übergreifende Bedeutung für alle Gruppen behinderter und sozial benachteiligter Menschen" (Beck 2006, 106). Es soll sicherstellen, dass Menschen mit Behinderungen Lebens-bedingungen eingeräumt werden, die den allgemeinen Lebensstandards

entsprechen. Wichtige Referenzpunkte sind Arbeits-, Wohn- und Frei-
zeitverhältnisse, die materielle Lebensausstattung, die barrierenfreie
Möglichkeit, an unterschiedlichen Lebensbezügen zu partizipieren.
Weiterhin soll Sorge dafür getragen werden, dass es zu einem „normalen" Umgang kommt, zu einer Einbeziehung in alltägliche Verkehrsfor-
men, die die Besonderheiten behinderter Menschen respektiert. Damit
ist keine zwangsweise Anpassung an die Lebensverhältnisse und -for-
men der Mehrheit gemeint: keine Verpflichtung auf eine Normalität,
die behinderten Menschen fremd sein kann und deren Anforderungen
sie häufig auch gar nicht genügen können. Es geht vielmehr um die Akzeptanz ihrer Einzigartigkeit, eine Anerkennung als Person.

Das Normalisierungsprinzip enthält eine starke politisch-rechtliche
und moralische Fundierung, die auf Gleichheit, Solidarität und Men-
schenwürde beruht. Darin findet es zu Recht eine breite Bestätigung.
An der Notwendigkeit, für eine gute Lebenssituation und eine stärkere
Akzeptanz Behinderter einzutreten, kann es keinen Zweifel geben. Und
auch daran nicht, dass Menschen mit Behinderungen so weit wie möglich in das gesellschaftliche Leben integriert sein sollen.

Dort, wo sich das Normalisierungsprinzip zwischenmenschlichen
Beziehungen zuwendet, ist es in erster Linie soziologisch, vor allem rol-
len-, interaktions- und kommunikationstheoretisch gefasst. Es beschäftigt sich unter anderem mit der Wertigkeit von Rollen und ihrer Verän-
derbarkeit, mit normativen Erwartungen und Etikettierungsprozessen,
der Vielschichtigkeit von Kommunikation, offenen und versteckten
Botschaften. Die in diesen Theorien enthaltenen Austauschformen
bleiben notwendigerweise abstrakt; sie geben nur eine begrenzte Antwort auf die Frage, wie sich Normalität inhaltlich genauer bestimmen
lässt. „Leben so normal wie möglich", das lässt sich leicht nachvollzie-
hen, so lange auf Prinzipien des Zusammenlebens rekurriert wird, die
auf einer sehr allgemeinen Ebene angesiedelt sind. Doch was heißt das
genau?

Die These, es sei normal, anders zu sein, nimmt in der hiesigen Integrationsdiskussion einen prominenten Platz ein, sie ist einer ihrer
wichtigsten Eckpfeiler. Aus ihr wird die Forderung nach schulischer
Gemeinsamkeit aller Kinder begründet, aufgehoben etwa in einer
„Pädagogik der Vielfalt" (Prengel 2006) oder der Konzeptualisierung
integrativer Bildung und Kooperation (Feuser 2008). „Grundlage jeg-

licher Integrationspädagogik ist der unteilbare und nicht begrenzbare Anspruch jedes Kindes auf gemeinsames Spielen und Lernen" (Schöler 2002, 115 f.). Für die Inklusion gilt dasselbe: Auch hier nimmt die untrennbare Gemeinsamkeit aller Kinder in der Wertehierarchie den ersten Platz ein. Sie ist mit der festen Überzeugung verbunden, dass die Gemeinsamkeit allen Kindern zugute kommt, den behinderten ebenso wie den nichtbehinderten. Bei Schülern mit Behinderung soll sich eine „äußere Normalität" einstellen, eine Beziehungsnormalität zu anderen, wie auch ein „normaler" Umgang mit sich selbst, also eine „innere Normalität" der Person. Die gemeinsame Beschulung gilt dafür als unabdingbare Voraussetzung. Der Normalität des Zusammenseins aller Kinder, die einem Kulturkreis angehören, wird alles in allem eine befreiende Kraft zugeschrieben.

Von dem Normalisierungsprinzip, an das sie sich anlehnt, unterscheidet sie ein solches Verständnis in mancherlei Hinsicht. Nach wie vor geht es um die im Normalisierungsprinzip enthaltenen Dimensionen der äußeren Lebensrealität und der Akzeptanz behinderter Menschen als vollwertige Mitglieder der Gesellschaft. Darüber hinaus erstreckt es sich auch auf ein bestimmtes Grundverständnis von Behinderung, das mit dezidierten Annahmen zur inneren Konstitution von Menschen mit Behinderungen assoziiert ist.

„Gestörte und ungenügende Integration ist in diesem Begriffsverständnis nicht eine Folge von Behinderung und auch nicht ein Aspekt von Behinderung, sondern die Behinderung selbst. Die Behinderung besteht in ungenügender Integration. Wir können definieren: *Behinderung liegt vor, wenn ein Mensch mit einer Schädigung oder Leistungsminderung ungenügend in sein vielschichtiges Mensch-Umfeld-System integriert ist*" (Sander 2002, 106; kursiv im Original). Damit übereinstimmend konstatiert Schöler (2002, 110 f.): „Behinderung liegt nicht mehr vor, wenn im Zusammenhang mit pädagogischen Reformen der Kindergarten/die Schule so verändert wird, daß auch Kinder mit Schädigungen in ihrem normalen Umfeld nicht ausgegrenzt werden und dort die Gelegenheit erhalten, selbst bei geminderter Leistungsfähigkeit eine akzeptierte soziale Rolle zu finden." Behinderung, so ist auch dieser Textpassage zu entnehmen, löst sich dann auf, wenn behindernde äußere Umstände entfallen. Die entscheidende Bedingung, die behindert, ist leicht ausgemacht: sie besteht in einem Mangel an Normalität.

Nur um eine drastische Demonstration ihres Anliegens dürfte es den Autoren wohl kaum gehen, geleitet von dem Ziel, im Spannungsfeld von Persönlichem und Sozialem eine Akzentverschiebung vorzunehmen. Dafür spricht, dass im Kontext des Normalitätstheorems, bezogen auf unterschiedlichste Fachdisziplinen, immer wieder von „so genannten" Behinderungen die Rede ist. Oder auch von Personen, denen – zum Beispiel – „eine geistige Behinderung zugeschrieben wird" (Ziemen & Langner 2010, 247). So, als ließe sich der Behinderungsbegriff (fast) vollständig von der Person lösen, als sei Behinderung nur ein Produkt äußerer Zuschreibung und könne im Interaktionellen, Kommunikativen und Systemischen aufgehen. Auch das Dekategorisierungsbestreben ist ein Indikator dafür, dass Behinderung eine gänzlich neue Definition erfahren soll (vgl. Kap. 6).

Die These, es sei normal, anders zu sein, beinhaltet auch, dass eine Behinderung für die Person selbst eine „Normalität" sein kann. Solange, bis ihr von außen gegenteilige Erfahrungen aufgezwungen werden. „Für ein von früher Kindheit an blindes, gehörloses oder in seinen Bewegungsmöglichkeiten eingeschränktes Kind ist es ‚normal', andere Formen der Aneignung zu entwickeln als die Mehrheit der gleichaltrigen Kinder. Eine blindes oder gehörloses, ein körpergeschädigtes und jedes ‚normale' Kind erlebt sich selbst in der ständigen Auseinandersetzung mit anderen Kindern, wenn die Erwachsenen es nicht von diesen anderen Kindern trennen" (Schöler 2002, 111).

Die Voraussetzung dafür ist, dass die primären Bezugspersonen und ihr Umfeld die Besonderheit ihres Kindes ebenfalls zuvor als normal erlebt und anerkannt haben. Im genannten Fall, bei sinnes- und körperbehinderten Kindern, wohl vom Lebensbeginn an. Nur dann könnte es einen ungestörten ersten Kontakt zu anderen Kindern geben, eine Begegnung, die nicht durch beeinträchtigende Vorerfahrungen getrübt ist. Doch bereits an diesem Punkt zeigt sich, dass ein allumfassendes, sich auch auf ein psychologisches Terrain vorwagendes Normalitätskonzept seine Tücken hat. Vor allem deshalb, weil es in einem allzu lockeren Verhältnis zur Lebensrealität steht.

Keine Mutter, kein Vater wünscht sich ein behindertes Kind. „Hauptsache gesund", so lautet der verständliche Wunsch der Eltern. Sie verbinden damit die Hoffnung auf ein möglichst unbeschwertes Aufwachsen ihrer Kinder, eine freie Entfaltung ihrer Interessen und Begabungen, die durch keine mühevollen und mitunter auch schmerzhaften Einschränkungen belastet wird.[6] Dieser Wunsch nach einem Leben ohne Behinderung mag von allerlei Vorurteilen durchtränkt sein und durch ein Unwissen über Behinderungen verstärkt werden. Und dennoch hat er einen darüber hinausgehenden Kern, der unübersehbar und unverrückbar ist. Er wird durch einen Blick auf das eigene Leben evident: Kein Erwachsener wünscht sich, dass ihm selbst eine Behinderung zustoßen möge. Der Verlust der Fähigkeit zu sehen oder zu hören, starke körperliche Einschränkungen oder das Eintreten einer seelischen Erkrankung, all dies wird gefürchtet. In dem Wissen darüber, wie sehr das eigene Leben dadurch beeinträchtigt werden kann und wie viel Leid damit verbunden sein mag. Der Hinweis, es sei normal, anders zu sein, wird hierbei nur begrenzt, wenn überhaupt, trösten können.

Der Wunsch nach einem Leben ohne Behinderung bezieht sich nicht nur auf die Kinder, sondern auch auf die Eltern selbst. Insofern ist er nicht nur altruistisch geprägt. Auch Eltern können die Last fürchten, die auf sie zukommt, wenn sie ein behindertes Kind bekommen. Darüber sollte sich niemand hinwegtäuschen. Sie mag im Einzelfall größer oder kleiner sein, sich auf das weitere Leben des Kindes und seiner Eltern stark auswirken oder zu einem Phänomen werden, das im Alltagsleben nur eine recht geringe Rolle spielt. Die Spielräume, die hier existieren, sind beträchtlich; je nach Art und Schwere der Behinderung, und den persönlichen Möglichkeiten, mit ihnen umzugehen. Vor allem Kinder mit schwereren Behinderungen stellen ihre Eltern vor vielfältige Probleme, die nicht leichtfertig unterschätzt werden sollten. Die Erwartung und Forderung, sie mögen dies akzeptieren, eine abschließende Trauerarbeit leisten und sodann ihr Kind wie jedes andere betrachten, ist aus der Außenperspektive leicht gestellt. Sie innerlich einzulösen, stellt eine schwierige und mitunter kaum erfüllbare Aufgabe dar. Eltern, denen dies gelingt, gebührt hohe Achtung. Aber auch jene Eltern verdienen Verständnis und Anerkennung, die sich nach ernsthafter Auseinandersetzung schwer damit tun.

---

6   Ausnahmen kommen nur äußerst selten vor, z. B. bei gehörlosen Menschen, denen es in der Gebärdensprachgemeinschaft gut geht und die sich wünschen, dass auch ihre Kinder in diese Lebenswelt hineinwachsen.

Eine unbeschwerte Normalität des Kindes zu sich selbst, wie sie von Schöler unterstellt wird, kann es in dieser Perspektive nicht geben. Das Selbst eines Menschen entfaltet sich dialogisch, zunächst im engen Austausch mit den Eltern. Sie sind es, die eine bestimmte Weltsicht an das Kind herantragen, die von ihren eigenen Erwartungen, Hoffnungen und Sorgen durchzogen ist. Das ist ein Grundgesetz menschlicher Entwicklung. In ungebrochener Selbstverständlichkeit werden die Eltern einem (schwer) behinderten Kind nicht begegnen können. Wohl aber in reifer Anerkennung der Besonderheit ihres Kindes, die notwendigerweise in die Beziehung eingeht und dort eine spezielle Dynamik entfaltet.

Allerdings sind nicht alle behinderten Kinder von früh an beeinträchtigt. Die überwiegende Mehrzahl der Behinderungen stellt sich erst im Laufe der Entwicklung ein: Zu einem kleineren Teil durch Unfälle oder in Folge von Erkrankungen, zumeist in der Auseinandersetzung mit (vor)schulischen Anforderungen. Sprachbehinderungen zeigen sich in der Regel bereits vorschulisch. Lernbeeinträchtigungen und viele Verhaltensstörungen treten zumeist in den ersten Schuljahren manifest in Erscheinung, auch wenn sie oft lebensgeschichtlich wichtige Vorläufer haben. Die damit verbundenen Erfahrungen, so unterschiedlich sie im Einzelnen sein mögen, werden das kindliche Erleben nicht unberührt lassen und sich auf die Beziehung zu sich selbst auswirken.

Etwas nicht mehr zu können, was bisher gelang, ist generell ein schmerzliches Erlebnis – besonders dann, wenn dieses Ereignis unvorhergesehen eintritt und nachhaltig wirkt. Der Verlust an Fähigkeiten und Möglichkeiten führt zwangsläufig zu einer Verunsicherung, er kann unter Umständen die ganze Person aufwühlen und für lange Zeit erschüttern. Ob und wie ein solches Ereignis verarbeitet werden kann, wird zwar durch eine ganze Reihe von Faktoren mit bedingt. An entscheidender Stelle steht jedoch die betroffene Person selbst. Ihr muss es früher oder später gelingen, das Geschehene psychisch zu integrieren, sie muss anerkennen und sich damit versöhnen, dass sich etwas Grundlegendes gewandelt hat. Eine gut gestaltete äußere Realität kann dabei erleichternd wirken, den Einzelnen aber nicht von dieser hoch persönlichen Aufgabe entbinden (Glofke-Schulz 2008; 2009).

Ähnliches gilt für Prozesse, die sich im und durch den schulischen Alltag einstellen. Grundsätzlich hinter anderen zurückzubleiben, beim besten Willen nicht das erreichen zu können, was ihnen scheinbar spielend gelingt, das ist eine für den Selbstwert und das Selbstkonzept unerquickliche und bedrohliche Erfahrung. Kinder mit Lern- und Sprachbehinderungen sind ihr in besonderer Intensität ausgesetzt. Sie erleben sich gehäuft als hilflos und ohnmächtig gegenüber schulischen Anforderungen, die altersüblich sind, von ihnen aber nicht oder nur unzureichend erfüllt werden können. Eine Reduzierung und Relativierung von Leistungsanforderungen ändert daran nur begrenzt etwas. Sei es durch den Besuch einer Sonderschule oder einen hoch individualisierten Lehrplan einer „Pädagogik der Vielfalt". In jedem der beiden Fälle werden sich die Kinder inner- wie auch außerschulisch vergleichen und bemerken, wie es um ihre relative Leistungsposition bestellt ist. Noch stärker betroffen sind Kinder mit massiven Verhaltensstörungen, die wiederholt und in unterschiedlichen Erfahrungsräumen erleben müssen, dass sie sich als Person nicht verdeutlichen können. Das, was sie anderen mitteilen möchten, kommt nicht an. Ihre Botschaften laufen ins Leere: Aus unterschiedlichen Gründen, unter anderem deshalb, weil ihre inneren Notwendigkeiten keine andere Lösung zulassen. Sie bleiben unverstanden, weil sie sich selbst nicht verstehen, sind in sich selbst verfangen und verstricken andere gleichermaßen (Ahrbeck 2010).

Damit sind innere Bedeutungen beschrieben, die Behinderungen in unterschiedlichen Lebenskonstellationen einnehmen können. Sie verweisen auf eine Auseinandersetzung der Person mit sich selbst, die einer ganz eigenen, mitunter sperrig anmutenden Logik folgt. Die Innenwelt, die intrapsychische Dimension, konstituiert sich nach Gesetzmäßigkeiten, die anderen Regeln gehorchen als die der Außenwelt. Insofern gestaltet sich das Verhältnis von innerer und äußerer Realität in einer Weise, die jede gradlinige Ableitung verbietet. Eine innere „Normalität" oder besser formuliert: eine innere Stimmigkeit lässt sich nicht aufgrund äußerer Vorgaben herstellen oder gar durch bestimmte soziale Arrangements erzwingen.

In Schölers und Sanders oben genannten Begriffsbestimmungen erscheint dies anders: Behinderung ist ihnen zufolge in allererster Line ein von außen an die Person herangetragenes Phänomen. Scheinbar schadlos und bar jeder vertiefenden Psychologie lässt es sich externalisieren und auf soziale Austauschprozesse reduzieren. Innenwelt und Konflikthaftigkeit der Person mutieren dadurch zu vernachlässigbaren Größen, sie nehmen in diesem Verständnis von Behinderung keinen nennenswerten Raum mehr ein. Die Normalität des Alltagslebens gilt als entscheidender Referenzpunkt. Sie ist es, die zu einer inneren Normalität führen wird, davon sind die Autoren fest überzeugt. Ein wenig eindimensional mutet dieses Denken schon an.

Das Normalitätstheorem bedarf auch in weiterer Hinsicht einer genaueren Betrachtung. Die Anerkennung von Vielfalt ist als Leitprinzip der Inklusion eng daran gebunden, dass sich diese Vielfalt in einem gemeinsamen Raum entfaltet. Dadurch soll eine Normalität entstehen, die allen Beteiligten zugute kommt. Nur: Wenn es normal ist, anders zu sein, was ist mit denjenigen, die diesen Gemeinschaftswunsch nicht teilen? Auch sie können sich auf ihre Besonderheit berufen, auf ein spezielles Anliegen zur Selbstverwirklichung und eine subjektive Interessenlage, die von denjenigen der Mehrheit abweicht. Sollen sie auf ihre Individualität verzichten? Kann und darf man sie zwingen, so lässt sich zugespitzt weiter fragen, zugunsten des Gemeinschaftsprinzips auf ihre ureigensten Wünsche zu verzichten?

In diesem Sinne wird nicht jedes Mitglied eines Kulturkreises die schulische Gemeinschaft aller für sich beziehungsweise die eigenen Kinder als angemessen und wünschenswert erachten. Zur Faktizität einer Gesellschaft gehört es, dass Personen oder Personengruppen einen eigenen, auf Trennung bedachten Weg gehen wollen. Zum Beispiel, indem sie den Besuch einer konfessionellen, einer Montessori- oder einer Waldorf-Schule bevorzugen. Das sind nicht wenige: Hamburg nimmt dabei eine Spitzenposition ein, gegenwärtig besuchen 11,4 % der Grundschüler eine private Schule. Bundesweit sind es 7,1 % aller Schüler (Welt am Sonntag 10.01.2009; Brenner 2009, 223). Das Recht auf Gründung einer privaten Schule ist in der Verfassung verankert. Den Elternwillen, der sich darauf beruft, wird man respektieren müssen; als Ausdruck eines gewollten Andersseins, das zu einer pluralen Gesellschaft gehört. Auch diese Eltern repräsentieren einen Teil gesellschaftlicher Normalität. Sie tragen dazu bei, dass sich schulische Angebote erweitern, ganz im Sinne einer ansonsten bejahten Vielfalt.

Hierzu mag ein Blick über den engen pädagogischen Fachdiskurs hinaus hilfreich sein. Differenztheoretische Beiträge zur Soziologie verweisen nämlich darauf, dass eine vollständige Zugehörigkeit von Personen zu gesellschaftlichen Teilsystemen durch die historische Entwicklung überholt ist. „Die funktional differenzierte moderne Gesellschaft ist ... durch ‚personale Exklusion' in dem Sinne charakterisiert, dass eine Person als Ganze in keinem Teilsystem mehr gefragt ist und angesprochen wird. Die Person ist in jedem Teilsystem immer nur in bestimmten Rollen involviert – ansonsten bleibt sie ausgesperrt. Völlig anders als bei der exklusiven Totalinklusion in nur einen Stand der mittelalterlichen Gesellschaft bestimmt in der funktional differenzierten Gesellschaft somit eine *multiple Partialinklusion* in viele oder sogar alle Teilsysteme die Lebenschancen und – über die Lebenschancen vermittelt – die Lebensführung der Menschen" (Burzan et al. 2008, 23). Der historische Fortschritt, den die Autoren beschreiben, beruht also darauf, dass auf Ausschließlichkeit angelegte Zugehörigkeiten überwunden wurden. Gerade dadurch, dass niemand mehr zu einer Totalinklusion gezwungen wird, steigen die Entfaltungsmöglichkeiten des Einzelnen. Sie hängen wesentlich davon ab, wie die jeweils passenden Teilinklusionen ausgewählt und gestaltet werden.

Für Wahlmöglichkeiten sprechen sich auch diejenigen Jugendlichen mit Behinderung aus, die die viel zitierte Lissabon-Erklärung verfasst haben. „Wir finden es sehr wichtig, dass jeder Mensch frei entscheiden kann, welche Schule er besuchen möchte" (Lissabon-Erklärung 2007, 2). Diese Wahlmöglichkeit soll sichern, dass ein vermehrter Zugang zu einer gemeinsamen Beschulung ermöglicht wird, daran lassen die Unterzeichnenden keinen Zweifel. Es erfolgt aber kein umstandsloses Plädoyer für eine inklusive Beschulung. Andere Möglichkeiten werden ausdrücklich nicht ausgeschlossen. Spezialisierte Einrichtungen sollen auch weiterhin zur Verfügung stehen. Insofern enthält die Erklärung „auch eine Absage an eine etwaige Pflicht-Inklusion in die Regelschule" (Sander 2008, 344).

Es ist normal, anders zu sein: Mit dieser Formel haben insbesondere Kinder und Jugendliche Schwierigkeiten, die im starken Maße emotionale Beeinträchtigungen aufweisen. Nicht, dass es in ihrer inneren und auch äußeren Lebenssituation keine Besonderheiten gäbe. Im Gegenteil: Sie existieren sehr wohl und oft im Übermaß. Ihr Problem besteht vielmehr darin, dass sie aufgrund ihres Andersseins den gestellten Gemeinschaftsanforderungen nicht entsprechen können; selbst dann, wenn sie es mit aller Kraft wollen. Ihre inneren Notwendigkeiten lassen ihnen keine Wahl: Sie erzwingen es, dass sie immer wieder in Widerspruch zu gängigen Normalitätsanforderungen geraten. Mit Verhaltensweisen, die für andere schwer erträglich und mitunter beim besten Willen nicht auszuhalten sind. Oder auch dadurch, dass sie der Schule fern bleiben und sich allen schulischen Integrationsversuchen entziehen. Das ist ein Teil der Normalität ihres Lebens.

Von Freyberg & Wolf (2005/2006) haben sich intensiv mit der zuletzt genannten Personengruppe, den unbeschulbaren Jugendlichen, auseinandergesetzt. Sie richten dabei ihre Aufmerksamkeit sowohl auf den institutionellen Entwicklungsverlauf dieser Schüler als auch auf ihre intrapsychische Beschaffenheit. In einer soziologischen Perspektive werden ihre schulischen Karrieren nachgezeichnet und analysiert. Als hervorstechendes Merkmal treten zahlreiche Diskontinuitäten und gravierende Brüche hervor. Immer wieder wurden diese Jugendlichen, ob der Schwierigkeiten, die sie bereitet haben, an andere Schulen abgegeben. Nirgends fanden sie einen Ort, an dem sie endgültig bleiben konnten beziehungsweise wollten. Offensichtlich war keine der Institutionen in der Lage, ihnen einen hinreichend haltenden Rahmen zu bieten.

Ein zweiter Forschungsstrang beschäftigt sich mit der psychischen Situation der Jugendlichen. Mit Hilfe psychoanalytischer Erkenntnismethoden wird die konflikthafte Innenwelt dieser Schüler vor dem Hintergrund ihrer lebensgeschichtlichen Belastungen eruiert und erhellt, welche beziehungsdynamischen Folgen daraus resultieren. Anhand des vorgestellten Fallmaterials lässt sich eindrucksvoll zeigen, aus welchen intrapsychischen Gründen die Bewältigung gängiger Lebensaufgaben gescheitert ist. Die innere Dynamik der unbeschulbaren Jugendlichen hat dazu geführt, dass sie keine haltbaren Bindungen eingehen konnten, nirgends innerlich Fuß gefasst haben und die ihnen angebotene Unterstützung ablehnen mussten. Genauer gefasst und exakter beschrieben: Häufig haben sie alle ihre Kräfte daran gesetzt, andere zu entwerten und zu beschämen, sie anzugreifen und das zu zerstören, was ihnen an Zuneigung und Freundlichkeit entgegengebracht wurde.

Die Zusammenführung der zunächst getrennten soziologischen und psychoanalytischen Forschungslinien ergibt, dass die innere und äußere Realität eine unglückliche Allianz eingegangen sind. Die nicht ausreichende Bindungskraft schnell wechselnder Institutionen hat sich mit den destruktiven Kräften der Jugendlichen gepaart, so dass es zu einer beidseitig bedingten Abwärtsbewegung gekommen ist. Dieser Befund ist alarmierend: Er verdeutlicht, dass die Normalität des Zusammensein mit anderen Schülern keine stützende oder gar heilende Wirkung entfaltet hat. Die dramatische innere Befindlichkeit der unbeschulbaren Jugendlichen bleibt davon unberührt. Das viel berufene Modelllernen greift nicht, es hat zu keiner verbesserten äußeren Anpassung geführt.

Auch wenn von Freyberg und Wolf nicht an institutioneller Kritik sparen, so zeigt ihr bemerkenswerter Beitrag doch, wie wenig ein allein auf die schulische Organisationsform fixierter Blick dieser Personengruppe gerecht wird. Mit dem Befund, es sei normal, anders zu sein, werden diese Jugendlichen wenig anfangen können. Er wirkt anlässlich des vorliegenden Datenmaterials fast anrührend hilflos; sowohl im Hinblick auf die innere als auch die äußere Lebensrealität dieser Personengruppe.

Nicht jedes schwierige Sozialverhalten stellt eine Bereicherung des schulischen Zusammenlebens dar. Erstaunlicherweise spart der Normalitätsentwurf diese wichtige Dimension aus. Es scheint so, als träfen ausschließlich Schüler aufeinander, die guten Willens sind, bereit und in der Lage, sich miteinander zu verständigen. Auftretende Probleme sollen mit den gängigen pädagogischen Mitteln gelöst werden, eventuell unterstützt durch sonderpädagogische Hilfen. So, dass keine nachhaltigen Schäden entstehen und niemand ausgeschlossen werden muss.

Aggressivität und Destruktivität, die diesen gemeinsamen Rahmen sprengen, haben im Normalitätstheorem keinen Platz, Grenzen einer fruchtbringenden Vielfalt kommen nicht vor. Als manifestes Phänomen sind sie jedoch unübersehbar, insbesondere, wenn sie sich nach außen und gegen andere Personen richten. Jugendliche mit dissozialer und delinquenter Entwicklung zum Beispiel können Bedrohungen und Belastungen hervorrufen, die den tolerierbaren Rahmen überschreiten. Körperverletzungen, Gewaltandrohungen, Erpressungen und sexuelle Übergriffe gehören dazu. Jugendliche Intensivtäter sind daran an exponierter Stelle beteiligt, auch in Schulen und geballt in sozialen Brennpunkten. In Berlin-Neukölln gibt es 550 davon (Heisig 2010, 31). Eine heftige und wiederholte Gewalttätigkeit vorausgesetzt, kann man sich schwerlich vorstellen, worin der Charme einer solchen Vielfalt liegen soll. Und auch nicht, dass dadurch das Normalitätsspektrum in akzeptabler Weise erweitert wird.

Weiterhin ist davon auszugehen, dass sich gesellschaftliche Gruppierungen hartnäckig und in radikaler Weise einer Gemeinsamkeit entziehen können. Das ist dann der Fall, wenn sie auf eine Anerkennung durch andere keinen Wert legen und ihrerseits die Anerkennung anderer verweigern. Ein wichtiges Fundament des Normalitätstheorems, eine Voraussetzung für einen gemeinsamen Unterricht, gerät dadurch ins Wanken. Das spricht nicht gegen eine gemeinsame Beschulung, als Lernort, an dem gegenseitige Akzeptanz und Wertschätzung erworben werden können. Im Gegenteil: Die Schule kann einen wichtigen Anteil daran haben, dass derartige Desintegrationsprozesse unterbunden werden, die zum Entstehen von Parallelgesellschaften beitragen können. Allerdings ist die viel beschworene Heterogenität, die zu einer Normalisierung durch Vielfalt führen soll, in der vorgefundenen Lebenswirklichkeit häufig gar nicht anzutreffen. In vielen sozialen Brennpunkten ist die Schülerschaft inzwischen sehr homogen, mit monotonen Umgangsformen und einem fast durchgängig geringen Leistungsniveau; teils auch dadurch bedingt, dass dort Kinder mit deutscher Herkunftssprache kaum noch vorkommen. Das genannte Problem tritt dort gehäuft auf.

Der Normalitätsbegriff ist auch dadurch schillernd, dass vielfach Lebensrealitäten existieren, die weit von einem tolerablen Zustand entfernt sind. Statistisch betrachtet ist vieles normal, das sich weit von einer zu bejahenden Wertigkeit abhebt. Gewalt- und Missbrauchsverhältnisse, Bindungslosigkeit und Desinteresse, Kränkungen und Entwertungen, die das „normale" Alltagsleben nachhaltig prägen. Mitunter sind sie in absonderliche und abenteuerliche Lebensformen eingebunden. Besonders gravierend ist, dass sich diese Phänomene häufig als stabil erweisen, auch dann noch, wenn sich die äußeren Lebensumstände verändern. Sie als bloßes Resultat schlechter gesellschaftlicher Verhältnisse anzusehen, greift zu kurz; sie werden von Personen ausgeübt, die sich aktiv in Szene setzen und für ihr Handeln verantwortlich sind. Der individuelle Gewinn, den sie daraus ziehen können, und die Befriedigung, die ihr Tun erbringt, dürfen nicht unterschätzt werden. Eine deutliche Grenzziehung zwischen einem guten Leben und einem schlechten, einer erfrischenden Vielfalt und schwer erträglicher Abweichung ist deshalb unumgänglich. Eine allzu sorglos formulierte allumfassende Normalitätsformel ist deshalb kritisch auf den Prüfstand zu stellen.

Die bisherigen Ausführungen zeigen, wie hoch die Anforderungen sind, die an eine Schule gestellt werden, die unterschiedslos alle Kinder aufnehmen soll. Unübersehbar treffen hier zwei Seiten zusammen, die über die Integrations- oder Inklusionsmöglichkeiten entscheiden: Auf der einen Seite stehen die Person des Kindes sowie die Gegebenheiten seines Umfeldes, auf der anderen die Bedingungen und Möglichkeiten der Schule. Beide müssen zugleich bedacht werden, nur so kann eine notwendige Balance entstehen.

Schöler (2002, 113) hingegen sieht nur den einen Pol: „Die Kennzeichnung des Kindes mit einer Behinderung als ‚nicht integrationsfähig' ist jedoch eine Umkehrung der Verhältnisse: Die Gesellschaft – hier: Das Schulsystem – erweist sich nicht als integrationsfähig!" Es ist demnach das Schulsystem, das als einziger legitimer Adressat des Integrationsbegehrens in Frage kommt. Ihm soll die ausschließliche Verantwortung dafür obliegen, dass eine Integration beziehungsweise Inklusion gelingt oder scheitert. Obgleich einseitig überzeichnet, verweist Schöler zu Recht auf einen sensiblen Bereich. Die Frage nämlich, wie und unter welchen Bedingungen die Integrationsfähigkeit der allgemeinen Schulen verbessert werden kann. Dass es Grenzen des Erreichbaren gibt, muss von vornherein einkalkuliert werden. In der Tat kann sich die Schule, besser wohl: können sich bestimmte Teile des Schulsystems, als nicht integrationsfähig erweisen. So ist es: Auch diese Möglichkeit existiert und es gilt, sie anzuerkennen – häufiger, als man es sich wünschen mag.

6

Dekategorisierung oder sonderpädagogischer Förderbedarf?

Der Übergang von der Integration zur Inklusion zielt konzeptionell auf eine stärkere Heterogenität der Schülerschaft. Eine größtmögliche Vielfalt gilt als wünschenswert, als Bereicherung für die Schule und für alle Kinder. Der Herausforderung, die dadurch entsteht, soll unter anderem mit der bereits aus der Integrationsdiskussion bekannten Formel der „Pädagogik der Vielfalt" begegnet werden. Mit dieser „Pädagogik der Vielfalt" werden seit langem weitreichende Hoffnungen verbunden. Als „eine pädagogische Leitidee, die für unsere tägliche Schularbeit so etwas wie eine kritische Orientierung und Ermutigung bietet. ... Sie greift die Pluralisierung positiv auf und ist doch zugleich auf Gerechtigkeit, Friedfertigkeit und Lebenserhaltung wertgebunden bezogen" (Preuss-Lausitz 1993, 10). Mit der Inklusion soll diese Leitidee noch weitergehend gestärkt werden.

Als Kriterien der Heterogenität gelten unterschiedliche sprachliche und kulturelle Hintergründe, Familienstrukturen und soziale Lagen, weltanschauliche und religiöse Orientierungen, sexuelle Präferenzen und Geschlechterrollen, Begabungen, Fähigkeiten und Entwicklungseinschränkungen, die mit Behinderungen verbunden sind. Eine Behinderung wird damit zu einer Besonderheit unter anderen, besser: sie ist ein Ausdruck einer sehr breit gestreuten Vielfalt, bei der gängige Kategorien keine Bedeutung mehr haben sollen. „Da Inklusion u. a. den Anspruch erhebt, für pädagogische Fragestellungen tradierte Kategorisierungen in verschiedene Gruppen durch die Idee eines untrennbaren Spektrums individueller Unterschiedlichkeit zu ersetzen, werden hier alle gruppenbezogenen Zuschreibungen obsolet" (Hinz 2009, 173). Und Seitz (2008, 227) fordert dementsprechend eine „radikale Loslösung von der sonderpädagogischen Systematik der Förderschwerpunkte", das heißt einen Verzicht auf die einschlägigen Behinderungsbegriffe, die mit den Förderschwerpunkten assoziiert sind.

Die Zwei-Gruppen-Theorie, derzufolge sich behinderte und nicht behinderte Menschen gegenüber stehen, soll aufgegeben werden. Damit verlieren Menschen mit Behinderungen die besondere Aufmerksamkeit, die ihnen bisher zu Teil wurde. Das ist so gewollt und wird ausdrücklich begrüßt – an ihrer Stelle sollen andere Ausprägungen der Normalität vermehrte Beachtung finden.

Einem möglichen Missverständnis ist jedoch vorzubeugen: Durch das Inklusionsbegehren entsteht, bezogen auf den Grundschulbereich, nur eine begrenzte, klar definierbare Erweiterung der Vielfalt von Schülern. Die unter dem Heterogenitätskriterien genannten Personen werden seit eh und je gemeinsam beschult. Es gibt in Deutschland keinen Ausschluss von Schülern aufgrund ihrer Herkunft, ihrer sozialen Lage, ihres Geschlechts, ihrer sexuellen Ausrichtung, ihres Glaubens. Die Anforderungen, die für die Lehrkräfte neu entstehen, beziehen sich ausschließlich auf die neu hinzukommenden Kinder mit Behinderungen. Bei einer Inklusion, die über den Primarbereich hinausführt, stellt sich die Lage anders dar. Die Heterogenität der Schüler wird dann in der Tat weiter ansteigen, so dass eine bisher nicht gekannte Vielfalt entsteht. Unterschiedlichste Begabungsformen, schulische Interessenlagen sowie Lern- und Entwicklungsvoraussetzungen mischen sich, bei einem immer stärkeren Auseinanderlaufen individueller Entwicklungen.

Doch zurück zur Dekategorisierung. Die Behinderungskategorien der Sonderpädagogik sind verschiedentlich einer kritischen Betrachtung unterzogen worden, zum Beispiel von Benkmann (1994) und Eberwein (2000). Ihr zentrales, genau genommen: das einzig entscheidende Argument lautet, dass diese Kategorien einen diskriminierenden Charakter aufweisen. Man sei deshalb gut beraten, sich von ihnen zu trennen. Im Inklusionskontext tritt nunmehr etwas Weiteres hinzu: Neben der Auflösung von Behinderungskategorien sollen auch andere kategoriale Zuordnungen entfallen, mit dem Ziel, normative Erwartungen auf breiter Ebene radikal zu verändern. Nicht mehr die durchschnittlich zu erwartenden Leistungen bilden demzufolge das entscheidende Wahrnehmungs- und Beurteilungskriterium, sondern weit gestreute individuelle Lern- und Entwicklungsverläufe, die sich von objektiven Kriterien möglichst weitgehend abgelöst haben. Kinder sollen aus den Fesseln von Normalitätsvorstellungen befreit werden, die durch die Mehrheitskultur geprägt sind. Sie sollen sich angstfrei und unbelastet von schmerzhafter Konkurrenz entfalten. Deshalb gilt der moralische Imperativ: Wer mit interpersonell vergleichenden Kategorien arbeitet, zwingt die Person in ein verletzendes Korsett, das die Individualität untergräbt und bedroht. Eine Dekategorisierung soll eben davor schützen, indem sie für unzumutbar gehaltene und als unerträglich erlebte normative Erwartungen zum Verschwinden bringt. Psychologisch formuliert: Es sollen alle diejenigen Erfahrungen vermieden beziehungsweise minimiert werden, die dazu führen können, dass im Vergleich zu anderen Menschen kränkende Erfahrungen entstehen. Wer auch nur ansatzweise mit der Dynamik der narzisstischen, das heißt der Selbstwertentwicklung vertraut ist, wird nicht umhin können, darüber verwundert zu sein.

Was überrascht und bestürzt, ist die Schärfe, mit der einige Inklusionsbefürworter ihren Wunsch nach Dekategorisierung vorbringen und begründen. Wer Behinderungskategorien benutzt, davon sind sie fest überzeugt, macht sich massiv schuldig. Allen voran Hinz, der nicht nur beklagt, dass so Erwartungshorizonte reduziert würden. Vielmehr sei, um ein bereits genanntes Zitat zu wiederholen, die „Sprache des sonderpädagogischen Förderbedarfs' ebenso diskriminierend … wie die sexistische und rassistische Sprache" (Hinz 2009, 173). Deshalb müsse sie bekämpft werden.

Was ist die Sprache des sonderpädagogischen Förderbedarfs? Sie beinhaltet, dass es Kinder gibt, die in unterschiedlichen Förderschwerpunkten einer besonderen Unterstützung bedürfen. Diese Unterstützungsnotwendigkeit geht über das übliche Maß hinaus, das Schülern eingeräumt werden kann. Ihr Ziel ist es, für einen Nachteilsausgleich zu sorgen, ihr Mittel, ein auf die Person des Kindes (und seines Umfeldes) gerichteter Blick. Im Wortlaut: Ein Kind hat etwa in seiner sprachlichen Entwicklung länger anhaltende und schwerwiegende Probleme, die sich mit konventionellen pädagogischen Mitteln nicht beheben ließen. Oder auch im Bereich des Lernens, Sehens, Hörens, der emotional-sozialen, körperlichen oder geistigen Entwicklung. Es existiert also ein Nachholbedarf, begleitet von der Hoffnung, dass sich eine spezielle Unterstützung hilfreich auswirken kann. Darin ist in der Tat eine Normativitätsvorstellung enthalten: Sie besagt, dass etwas fehlt, das es zu erreichen gilt. Und sie geht von der Überzeugung aus, dass dem Kind damit gedient ist, sich in eine bestimmte Richtung weiterzuentwickeln. Zum Beispiel indem es durch eine gezielte, auf seine Person bezogene Förderung kognitiv voran kommt und massive Leistungsdefizite im Lesen, Schreiben oder Rechnen abbaut. Oder auch dadurch, dass oft quälende und die persönliche Weiterentwicklung gefährdende innere Verstrickungen so gelöst werden, dass ein Kind die symptomatischen Ausdrucksformen einer Verhaltensstörung nicht mehr benötigt.

Genau dies stößt auf heftigste Ablehnung. „Bezogen auf die Dimensionen von Heterogenität gilt es, diskriminierenden Normalitätskonzepten mit rassistischen, sexistischen und sozialdarwinistischen Tendenzen entgegenzutreten. Sie frönen der Überlegenheit des Deutschen, des Männlichen und des Starken und erlebten in der Phase des Nationalsozialismus ihren Höhepunkt; doch auch heute wirken sie in anderen Formen weiter. Wir sind weiter aufgefordert, jene Förder- und Therapieansätze zu hinterfragen, die Kinder mit kompensatorischen Absichten an bestehende Standards heranführen wollen, sei es mit sonderpädagogischem, ausländerpädagogischem oder feministischem Hintergrund" (Hinz 1998, 131).

Während es im zuerst genannten Zitat noch um die „Sprache des sonderpädagogischen Förderbedarfs" ging, hat sich das Feld im zweiten Zitat geweitet, hin zu „diskriminierenden Normalitätskonzepten mit rassistischen, sexistischen und sozialdarwinistischen Tendenzen". Was der Autor damit genau meint, bleibt im Dunkeln; er verrät es uns nicht. Die darin enthaltene Anklage ist jedoch massiv, der erhobene Generalverdacht kaum zu entkräften. Dort, wo der Autor konkreter bleibt, beim sonderpädagogischen Förderbedarf nämlich, darf gefragt werden, was genau daran diskriminierend sein soll. Sind es institutionelle Zuordnungen, die aufgrund dieser Kategorien getroffen werden können, oder soziale Zuschreibungsprozesse, die ihnen folgen mögen? Oder ist gar eine Dimension des inneren Erlebens gemeint, eine bestimmte Form der Selbstwahrnehmung und Selbstbeschreibung, die beargwöhnt wird?

Um institutionelle Zuordnungen im Sinne eines sonderpädagogisch ausdifferenzierten Schulsystems kann es wohl kaum mehr gehen, die gibt es in der großen inklusiven Zukunftsvision sowieso nicht mehr. Entscheidender ist, wie sich dem Text unmittelbar entnehmen lässt, eine bestimmte, mit dem Behinderungsbegriff und sich daran anschließenden Kategorien assoziierte Haltung, die so sehr gefürchtet wird. Sie soll, von einem elementaren Misstrauen geleitet, aus den Köpfen getilgt werden. Und zwar unisono: Blindheit und Sehbehinderung, Gehörlosigkeit und Schwerhörigkeit, geistige, körperliche und sprachliche Behinderung, Lernbeeinträchtigungen und Störungen der sozialen und emotionalen Entwicklung – allen diesen Begriffen wird die Existenzberechtigung abgesprochen. „Die Schule soll ... von Etikettierungen und Kategorisierungen absehen", so meinen auch Ziemen & Langner (2010, 254).

Dabei ist es nicht die Frage, ob einzelne dieser Kategorien einer begründeten Veränderung bedürfen oder andere hinzugefügt werden müssen. Darüber kann und muss man diskutieren: Die Unterscheidung zwischen Gehörlosigkeit und Schwerhörigkeit mag nicht mehr auf der Höhe der Zeit sein, weil der funktionelle Hörschaden unter anderem aufgrund des Einsatzes neuer Technologien an Aussagekraft verloren hat. Auch bereitet die steigende Anzahl schwer mehrfach behinderter Kinder diagnostische Probleme, da sie in das bestehende Klassifikationssystem schwerlich integrierbar sind. Weitere ernstzunehmende Fragen könnten hinzugefügt werden. Doch darum geht es gar nicht: Das Ziel ist ein anderes, nicht die Verbesserung, sondern die Abschaffung einschlägiger personenbezogener Kategorien. Betroffen davon sind die groben Leitkategorien des sonderpädagogischen Klassifizierungssystems; und darüber hinausgehend alle anderen untergeordneten, ausdifferenzierenden Kategorisierungen, die auf Behinderung verweisen.

Über die Folgen institutioneller und sozialer Diskriminierungsprozesse ist seit Jahrzehnten intensiv berichtet und diskutiert worden, ihre Gefahren wurden immer wieder eindrucksvoll beschrieben. Insofern kann davon ausgegangen werden, dass sich Lehrerinnen und Lehrer, Wissenschaftlerinnen und Wissenschaftler dieser Problematik bewusst sind und intensiv über sie reflektieren. Sofern ihr durch Aufklärung überhaupt begegnet werden kann, ist hier sicherlich ein Optimum erzielt worden. Im Endergebnis stellt sich eher, bei aller Anerkennung des Erreichten, ein gegenteiliger Effekt ein. Die übertriebene Sorge, durch Diagnosestellungen zu schädigen, eine überzogene Angst, durch einen fachlich geschulten Blick zu behindern, zu pathologisieren, zu diskriminieren. Und sich selbst dadurch schuldig zu machen. Die Forderung nach Dekategorisierung heizt diese Befürchtungen noch weiter an.

Vor diesem Hintergrund empfiehlt es sich, aus einem gesicherten Abstand heraus, erneut und in aller Ernsthaftigkeit zu fragen: Was ist eigentlich so schlimm daran, wenn in eine Fachsprache gefasst wird, dass eine konkrete Person blind ist oder eine starke Sehbehinderung aufweist? Was ist so unerträglich an einem besonders langsam und wenig erfolgreich lernenden Kind, dass es sich verbietet, seine Schwierigkeiten kategorial zu benennen? Warum dürfen gravierende psychische und soziale Probleme, die Kinder zu massiven Verhaltensstörungen führen, nicht als solche in einer klarifizierenden Fachsprache begrifflich erfasst werden? Warum soll man nicht anerkennen und entsprechend benennen, dass Menschen durch eine massive Beeinträchtigung ihrer sprachlichen oder intellektuellen Fähigkeiten im Leben ernsthaft behindert sind? Oder auch deshalb, weil sie kaum noch etwas oder (fast) gar nichts mehr hören?

Schöler (2002, 114) ist anderer Auffassung, wie folgende beispielhafte Anmerkung verrät: „Und wenn der eine Fußballspieler tatsächlich in seinen Denkmöglichkeiten so eingeschränkt wäre, dass er sich Rechtschreib- oder Fußballregeln nicht merken kann, dann muss er nicht zum ‚Lernbehinderten' erklärt werden." Ich verstehe nicht, was die Autorin damit meint. Das Faktum selbst ist unübersehbar, die Bedeutung, die es im Leben hat, gleichermaßen. Diese Realität lässt sich nicht dadurch auflösen, dass man ihr eine Begrifflichkeit entzieht. Vielleicht könnte man auch einen anderen Begriff als Lernbehinderung respektive

Lernbeeinträchtigung finden, der diesen Sachverhalt besser beschreibt, das mag sein. An dem Faktum selbst ändert dies jedoch nichts.

Eine abseits des gängigen Etikettierungsdialogs kaum gestellte Frage lautet, wie es auf Menschen mit Behinderung wirken mag, wenn ein Sprachgebrauch gesucht wird, der vermeidet, was für sie selbst offensichtlich ist. Das gilt insbesondere für körperliche und Sinnesschädigungen, aber auch für die sonstigen Behinderungen. Dass niemand nur unter dem Aspekt seiner Behinderung gesehen werden möchte, ist nur allzu verständlich. Es muss deshalb ein in der Familie beginnendes und in der Schule fortgesetztes Bemühen um die Anerkennung von Menschen mit Behinderung geben, mitunter auch ein schwieriges Ringen darum. Ein weltanschaulich verbrämtes Wahrnehmungsverbot von Behinderungen steht jedoch auf einem ganz anderen Blatt. Es signalisiert, dass etwas, das existiert, nicht sein darf. Auch der von Schöler erwähnte Schüler wird sich damit auseinandersetzen (müssen), dass er sich in einer besonderen Situation befindet. Dies anzuerkennen, ist eine wichtige Aufgabe, die nicht durch begriffliche Nivellierungen und den Rückgriff auf verwässernde Alltagskategorien zu leisten ist.

Wie Menschen mit Behinderung einen solchen Nivellierungsversuch erleben, verweist auf ein breites und in Gänze nicht zu beantwortendes Feld. Mitunter erscheint es aber so, als ob sie es leichter haben, mit diesen Begriffen umzugehen als Nicht-Behinderte. Vielleicht ist ihre Akzeptanz für sich selbst auch größer als aus einer Außenposition vermutet wird. Oder die Ängste, ihrer Lebensrealität ins Auge zu sehen, fallen geringer aus als angenommen. Doch das sind sehr segmenthafte Eindrücke. Eva-Maria Glofke-Schulz (2008), eine früh erblindete Psychologin, hat eine beeindruckende Schrift über Behinderungsverarbeitung und Identitätsentwicklung am Beispiel von Sehschädigungen vorgelegt. Sie berichtet darin, durchaus gesellschaftskritisch, über viele Behinderungen ihres Lebens, die ihr von außen entgegengebracht werden. Ein weiteres Element hebt sie jedoch gleichermaßen hervor: Die Notwendigkeit einer inneren Auseinandersetzung mit dem Umstand, dass sie nicht mehr sehen kann, einer Realität, die für ihre Identitätsbildung von einigem Gewicht ist. Die Blindheit sei für sie ein überaus gewohntes Phänomen geworden und zugleich ein irritierender innerer Fremdkörper geblieben – so heißt es in einer wichtigen Passage des Textes. Ihr von außen zu sagen, dies sei nicht so, sie leide nur unter äußerer Etikettierung, wird wenig hilfreich sein.

Entsprechende Überlegungen lassen sich auch im Hinblick darauf anstellen, wie Institutionen betrachtet werden. Wenn Sonderschulen als ein unerträglicher Zustand gelten, wie mag das auf Schülerinnen und Schüler wirken, die sie besuchen und dies sogar gern tun. Ihnen wird erklärt, dass dieses pädagogische Setting schädigend für sie sei, aufgrund einer von außen herbeigeführten, als zwingend erlebten Etikettierung. Aber nicht nur deshalb: In scharfer Form wird auch beklagt, dass sie sich in einer, vielleicht noch nicht einmal übertrieben formuliert, fast ghettorisierten Welt aufhalten, die desaströse innere Folgen nach sich zieht. Doch was bedeutet das für die davon betroffenen Kinder, was heißt das für ihre Selbstwahrnehmung, welche Selbstdeutung wird ihnen dadurch nahe gelegt? Nicht abwegig ist die Annahme, dass ihr Beisammensein in einem wenig wertvollen Licht erscheint. Sie werden das Gefühl bekommen, dass sie sich als Personen (nämlich als behinderte Menschen) kaum etwas Bedeutsames geben können und füreinander nicht gut sind. Oder in zugespitzter Formulierung: Es kann sich der Eindruck einstellen, ihre Gemeinsamkeit sei eine Zumutung für jede(n) von ihnen.

In aller Vorsicht darf gefragt werden, ob hier nicht der klassische, anderenorts bekämpfte Defizitansatz in fast unverwässerter Form wieder auftritt. In seiner äußeren Schicht bezogen auf eine schulische Organisationsform, in seiner inneren Bedeutung mehr oder weniger verdeckt gegen eine bestimmte Personengruppe gerichtet. Ermöglicht und gefördert wird dieses Phänomen durch Rettungsfantasien, die sich auf die Normalität des Alltagslebens berufen. Und gleichermaßen auf die kaum noch hinterfragte Wohltat, die von einer Schule für alle ausgehen soll. Kinder mit Behinderung stellen darin nur noch eine kleine Minderheit dar, die als solche kategorial nicht mehr bezeichnet werden soll. Zusätzliche Fördermittel dürften deshalb, wie vielfach gefordert, auch nicht mehr primär auf besondere Personen ausgerichtet sein. Der veränderungsbedürftige Gegenstand sei nunmehr „die Problematik komplexer Unterrichtssituation[en] selbst" (Hinz 1998, 130).

Das Ziel der Dekategorisierung ist es, die Wirklichkeit durch Aufgabe einer bestimmten Begrifflichkeit in ein neues Format zu bringen. Dabei handelt es sich um eine illusionäre Hoffnung, aus unterschiedlichen Gründen. Zum einen entstehen zu Recht gefürchtete ablehnende Einstellungen und Haltungen gegenüber behinderten Menschen nicht allein durch die Tradierung bestimmter Kategorien. Sie werden vielmehr in konkreten Interaktionen immer neu aufgefüllt, vielfach aber auch modifiziert, relativiert und umgestaltet. Andererseits sind Ablehnungen und Distanzierungswünsche zum Beispiel bei Kindern mit massiv auffälligem Verhalten bereits intensiv ausgeprägt, noch bevor eine offizielle Diagnosestellung erfolgt. So etwas passiert also, durchaus häufig und wirkungsmächtig, längst bevor fachliche Kategorisierungen greifen – nicht nur bei der genannten Personengruppe. Und es geschieht, das darf nicht übersehen werden, weitgehend unabhängig davon, ob Lehrerinnen und Lehrer dies wollen oder nicht. Ein Verbot der hier diskutierten Begriffe wird also ein wichtiges Segment zwischenmenschlicher Realität nicht verändern können. An die Stelle fachlicher Kategorien, über die reflektiert werden kann, treten dann informelle Typisierungen einer vorwissenschaftlichen Alltagssprache, deren Folgen noch weit weniger absehbar sind. Fantasien über das Ungewisse, durch ein Benennungsverbot erzwungen, werden notgedrungen einen größeren Raum einnehmen. Ob sie für das zwischenmenschliche Zusammensein ungefährlicher sind als ein Wissen um eine fachliche Ordnung, darf füglich bezweifelt werden.

Stärker als in anderen Disziplinen gibt es in der Geistigbehindertenpädagogik, national wie international, intensive Diskussionen über eine adäquate Bezeichnung des Faches. Ebenfalls aus diesem Fach ist aber auch ein kritischer Blick auf dieses Veränderungsbegehren geworfen worden, auf die unruhige Suche nach neuen Bezeichnungen, die kein rechtes Ende finden will. Niedecken (2000, 8) berichtet im Vorwort zu einer bemerkenswerten Schrift Sinasons („Geistige Behinderung und die Grundlagen menschlichen Seins") über eine „besonders in den USA und England verbreitete Tendenz, mit neuen sprachlichen Etikettierungen altes Leiden unsichtbar zu machen. Dies geschehe zwar, so Sinason, aus der Absicht heraus, alte Diskriminierungen tatsächlich aus der Welt zu schaffen, aber doch immer wieder mit dem Resultat, daß sich das Alte nunmehr in neuer Verkleidung reproduziere". Es handele sich dabei, wie die Autorin fortfährt, um eine „quasi wortmagische Verleugnung von Leiden durch neue Begriffsbildungen" (Niedecken 2000, 8). Die Frage ist nur, wessen Leiden eigentlich gemeint ist: Ausschließlich das derjenigen, die von einer Behinderung betroffen sind? Oder auch das Leid respektive Leiden professionell Tätiger, die in hoher Identifikation ihrer Klientel verbunden sind und einiges an schmerzlicher Belastung auszuhalten haben? Auch für letzteres spricht einiges.

Insofern mag die Frage erlaubt sein, wer hier eigentlich wen vor wem und wovor beschützen möchte. Darüber ist ernsthaft nachzudenken: Nicht nur in der Pädagogik bei geistiger Behinderung, sondern auch in anderen sonderpädagogischen Disziplinen. Und umso mehr bei einem Integrations- und Inklusionsbegehren, das unter dem leichtfertigen Motto auftritt: „Behinderungen gibt es nicht" oder „Behindert sind wir alle".

In der Inklusion sollen Kinder auf gänzlich veränderter Grundlage betrachtet werden. Allgemein verbindliche Maßstäbe rücken demzufolge in den Hintergrund, auch eine gruppenspezifische Bewertung soll es möglichst nicht mehr geben. Die Bewertungsmaßstäbe richten sich vielmehr, so die neue Leitlinie, weitestgehend an den individuellen Lern- und Entwicklungsverläufen der Kinder aus. Ohne dass sie von objektiven Kriterien geleitet sind, auch von solchen nicht, die dem sonderpädagogischen Förderbedarf zugrunde liegen. Die angestrebte Dekategorisierung bezieht sich deshalb ausdrücklich auch auf einen speziellen personengebundenen Förderbedarf, der als unzeitgemäß und theoretisch unhaltbar gilt (Hinz 2009; Seitz 2008).

Entfallen die Kategorien eines personenbezogenen sonderpädagogischen Förderbedarfs, dann erweitert sich der Aufmerksamkeitsfokus zwangsläufig. Lehrerinnen und Lehrer müssen im Gemeinsamen Unterricht überall hinblicken, am besten zur gleichen Zeit, uneingeschränkt und möglichst unbeeinflusst durch Vorannahmen. Angesichts sehr unterschiedlicher kindlicher Bedürfnisse und Entwicklungsnotwendigkeiten stellt sich die Frage, wem und mit welcher Begründung besondere Aufmerksamkeit geschenkt werden soll. Eine ernst gemeinte Antwort lautet: unspezifisch allen. Befriedigend ist sie allerdings nicht, und ein wenig lebensfremd ist sie auch. Faktisch bedarf eine gewisse Anzahl von Kindern einer besonderen und überdauernden Aufmerksamkeit: Aufgrund offensichtlicher oder versteckter Notlagen, oder auch, weil sie diese Aufmerksamkeit aufgrund innerer Notwendigkeiten mit Macht einklagen. Insbesondere bei hohem Betreuungsbedarf und größerer zeitlicher Intensität ist eine eindeutige und gut begründete Legitimation erforderlich. Das gebietet schon das Gerechtigkeitsprinzip.

Sie zu vergeben, stellt eine dekategorisierte Inklusion vor einige Probleme. Ohne elaborierte, überprüfbare Kriterien ist dies schwerlich möglich. Ansonsten wird die Vergabe besonderer Mittel in das subjektive Belieben einzelner Lehrerinnen und Lehrer gestellt, einem versteckten Kriterienkatalog gehorchend oder hochpersönlichen Bewertungen und Neigungen folgend. In diesem Fall ist die Gefahr groß, dass Kinder in ihrer speziellen Bedürftigkeit von Lehrern falsch eingeschätzt werden. Besondere Hilfestellungen finden nicht den richtigen Ort, es entsteht ein Zuviel oder Zuwenig an Zuwendung. Insbesondere Schüler, die keine auffällige oder lärmende Symptomatik zeigen, drohen übersehen zu werden.

Bei realistischer Betrachtung gibt es keine Dekategorisierung, die einen begriffslosen Raum hinterlässt. Dekategorisierung bedeutet, dass eine bestimmte Begrifflichkeit im offiziellen Sprachgebrauch aufgelöst wird. An ihre Stelle treten dann aber mehr oder weniger schnell andere formelle oder informelle Kategorien der Besonderheit. Sie können elaborierter und fachlich angemessener sein und somit einen Fortschritt darstellen, oder auch das Niveau der Auseinandersetzung senken und für unnötige Irritationen sorgen, also überwiegend Nachteile mit sich bringen. Nur, und das sei noch einmal betont, der frei gegebene Platz wird, ob man will oder nicht, anderweitig besetzt werden.

Bei Hinz (2009) bekommt man einen Eindruck davon, wie dieses Dilemma gelöst werden soll. Gruppenkategorien hält er für unproblematisch, insofern sie sich auf Beschreibung und Analyse gesellschaftlicher Gegebenheiten beziehen. „Solange es um die gesellschaftliche Analyse von Marginalitätserfahrungen geht, ist es nicht nur legitim, sondern geboten, in Gruppenkategorien zu denken und mit ihnen zu arbeiten. Gruppenbezogene Kategorisierungen bestehen auf gesellschaftlich normativer Ebene, sie sind als Konstrukte vorhanden. Sobald es jedoch darum geht, wie Strukturen entwickelt und Interventionen geplant werden können, werden Kategorisierungen gefährlich" (Hinz 2009, 173). So gefährlich, dass sie wegen ihres diskriminierenden Charakters aus den Köpfen getilgt werden sollen.

Auf gesellschaftlicher Ebene soll also gesehen und anerkannt werden, dass Menschen, die bestimmte Besonderheiten haben, ein spezielles soziales Schicksal erleiden. Der Blick und das Veränderungsbegehren richten sich dabei auf die äußere Lebensrealität, auf handfeste soziale Benachteiligungen und Diskriminierungen, die sich auf die individuelle Lebensführung nachteilig, eben behindernd auswirken können. Bei (schulischen) Interventionen hingegen, in der Zuwendung zur einzelnen Person, dürfen die gesellschaftsanalytisch favorisierten Gruppenkategorien dann aber keine Rolle mehr spielen. Ableitungen, die einzelne Personen betreffen, gelten als überflüssig und schädlich. Eine entsprechende kategoriale Wahrnehmung soll im Erleben der Lehrerinnen und Lehrer möglichst nicht mehr auftauchen; und wenn sie es tut, kognitiv und emotional ohne Bedeutung bleiben. Damit wird, so scheint es auf den ersten Blick, die Basis für einen Neuanfang gelegt, der die bisherige sonderpädagogische Theorie und exkludierende Praxis hinter sich lässt. Die Täuschung, die darin liegt, wird im 8. Kapitel dieses Bandes ausführlich beschrieben (Grenzen des Möglichen und „goldene Fantasie"). Sie beruht – psychologisch betrachtet – unter anderem darauf, dass verleugnende Abwehrleistungen eingefordert werden, die sich stabil und langfristig kaum erbringen lassen. Per Deklaration werden sich unliebsame Inhalte nicht aus dem Bewusstsein fernhalten lassen, das ist eine psychodynamische Grunderkenntnis. Sie bahnen sich auf eigene Weise ihren Weg: Zum Beispiel dadurch, dass sie in verkleideter Form wieder auftauchen oder sich alltagssprachlicher Ausdrucksformen bedienen.

Auch im radikalen Inklusionsbegehren sollen Kinder mit Behinderung die ihnen gebührende Förderung erfahren. In einer umfassend besseren Weise als es bisher der Fall war, das ist die große Hoffnung. Eine hochgradige Individualisierung des Unterrichts gilt als ein entscheidendes Mittel dazu, die Anerkennung einer nicht mehr hinterfragbaren Vielfalt ebenso und auch, dass von überindividuellen Bewertungsmaßstäben Abstand genommen wird. Eine optimale Förderung des Kindes, so lautet das Ideal, könne auch ohne äußere Zielvorgaben erfolgen. Sie bedürfe auch keiner verbindlichen Orientierung an Entwicklungstheorien, da auch sie unabdingbar ein normatives Gerüst enthalten.

Ungewiss ist nun aber, was passiert, wenn normative Maßstäbe entfallen. Worauf soll sich eine Bewertung stützen, die sich ausschließlich am Individuum orientiert? Wer beantwortet die Frage, was jemand erreichen kann? Was sind sinnlose Anforderungen und worauf muss aus gutem Grund verzichtet werden? Was ist über- oder was unterfordernd?

„Was aber soll", so fragt Katzenbach (2000, 238 f.) zu Recht, „die Rede von Lern- und Entwicklungsproblemen bedeuten, wenn unterschiedliche Entwicklungsstände von Kindern, dem Leitbegriff der ‚egalitären Differenz' folgend, nur als Ausdruck von Vielfalt, nicht aber als Ausdruck – noch – nicht realisierter Entwicklungspotenziale betrachtet werden dürfen. Gegenüber was, wenn nicht einer dann doch irgendwie unterstellten ‚Normalentwicklung', erweist sich die Entwicklung dieser Kinder überhaupt als problematisch? ... Die in der Unterrichtssituation gezeigten aktuellen Fähigkeiten des Kindes werden dann gleichsam für bare Münze genommen und der Skandal der nicht realisierten, potenziellen Entwicklungsmöglichkeiten gerät schon deshalb aus dem Blick, weil die kontrastierende Folie einer Normalentwicklung fehlt." Ohne explizite, aus einem äußeren Rahmen abgeleitete Norm- und Zielvorstellungen fällt die Entwicklung eines Kindes der Beliebigkeit anheim. Ein zielgerichtetes pädagogisches Handeln wird dadurch in Frage gestellt, wenn nicht gar gänzlich aufgehoben.

Vor diesem Hintergrund müssen Entwicklungen kritisch betrachtet werden, die kindliche Selbstschöpfungspotenziale allzu hoch schätzen. Sie trauen bereits Kindern ein ungewöhnlich hohes Maß an Autonomie zu, idealisieren ihre Entwicklungsmöglichkeiten und unterschätzen ihr Angewiesensein auf andere. Vor allem systemische und konstruktivistische Theorien, auf die im Inklusionsdiskurs gern verwiesen wird, spielen dabei eine unrühmliche Rolle. Kinder als Konstrukteure ihrer selbst, als Experten ihres Lebens, als Didaktiker des eigenen Lernens, das sind dazu wichtige Stichworte (ausführlich: Ahrbeck 2004; Ahrbeck & Willmann 2010b). Kinder und Jugendliche sollen demzufolge in einem erheblichen Ausmaß, nicht nur punktuell, ihre Lernwege und Entwicklungsziele selbst festlegen. In Seitz „Leitlinien des didaktischen Handelns" heißt es beispielhaft: „das verbindende Moment auf der didaktischen Ebene im vorliegenden Konzept allerdings ist nicht theoriegeleitet zu erschließen, sondern primär über die Kinderperspektiven" (Seitz 2008, 230). Die Kinderperspektiven: Sie sind es, die zwar nicht zum ausschließlichen, aber doch zum entscheidenden Punkt der Leitlinien erhoben werden.

Der Verzicht auf leitende, über die kindliche Individualität hinausgehende Kategorien beinhaltet einen folgenschweren Irrtum, den Katzenbach (2000, 239) folgendermaßen beschreibt: „Aus einer solcherart (miss-)verstandenen Kindorientierung folgt dann eine gesellschafts- und bildungspolitisch affirmative Haltung, die für die subjektiven Deformierungen als Folge gesellschaftlicher Benachteiligung schon deshalb blind bleiben muss, weil sie die dafür passenden Begriffe selbst entsorgt hat."

Die Anerkennung des Faktums, dass sich Kinder unterschiedlich entwickeln, darf zu keinem Verlust einer exzentrischen Position führen. Eine mangels externer Kriterien kritiklose Identifizierung mit den jeweiligen kindlichen Entwicklungsverläufen, der Normalität des Andersseins verpflichtet, übersieht bestehende Entwicklungsnotwendigkeiten – zum Schaden der Kinder. „Bezogen auf Kinder mit Entwicklungsproblemen bzw. Lernbehinderungen heißt das, dass wir, selbst wenn wir die Lernbehinderung nicht nur als Defizit, sondern auch als subjektiv sinnvolle Reaktion auf einschränkende Lebensverhältnisse begreifen, dennoch sehen müssen, dass diese zu gravierenden Einschränkungen der Lebenschancen von Kindern und Heranwachsenden führen. Dies anzuerkennen kann aber doch nicht heißen, die Lernbehinderung quasi als gleichberechtigte Lebensform einfach hinzunehmen, sondern muss doch die Anstrengung motivieren, dem Kind genau die Unterstützung zu gewähren, die es ihm erlaubt, das Risiko neuer Entwicklungsschritte zu wagen. Eine solche Unterstützung, und das ist der springende Punkt, lässt sich aus der Position egalitärer Differenz nicht begründen. Sie ergibt sich nur aus der Position der Fürsorge, die der Verantwortung des Erwachsenen für das Kind bzw. der Gesellschaft für die nachwachsende Generation inhärent ist" (Katzenbach 2000, 242).

Was hier für Kinder mit Lernbeeinträchtigungen ausgeführt wurde, gilt ebenso für Kinder mit anderen Behinderungen und psychosozialen Beeinträchtigungen. Die Position der Fürsorge ist eine exzentrische, die über duale Beziehungsmuster hinaus weist. Sie lebt aus der Anerkennung von Differenz, insbesondere zwischen den Generationen, und dem daraus resultierenden Blick auf kindliche Entwicklungsprozesse. Der Spannungsbogen, in dem Kinder betrachtet werden, ist ein solcher, der auf einem Dritten beruht: der gesellschaftlichen Realität und ihren Anforderungen, denen sich die Schule nicht verschließen darf; der Normativität von Entwicklungstheorien, die verhindern können, dass Entwicklungen beliebig werden; dem Beharren auf Zielen, die sich nicht aus sich selbst begründen lassen. Ohne eine exzentrische Position, ohne einen von außen gesetzten Bezug, das sei hinzugefügt, kann es keine vorwärts gerichtete Entwicklung geben. Ansonsten bleiben Kinder in den Grenzen der Kindheit gefangen, wie Savater (1998) eindrucksvoll gezeigt hat.

In diesem Sinne lässt sich der sonderpädagogische Förderbedarf verstehen: Als Mittel zu einer Hilfestellung, die einem vorgegebenen Ziel folgt, das auch einen normativen Charakter trägt. Er ist der einzelnen Person gewidmet, die auf eine solche Unterstützung nachweisbar angewiesen ist und ein Anrecht darauf hat.

Der sonderpädagogische Förderbedarf dient unter anderem verwaltungstechnischen Zwecken. Er führt zu einer verbindlichen Mittelzuweisung, in Form bereit gestellter Lehrerstunden oder eines besonderen Förderortes. Allein daraus ergibt sich aber noch keine belastbare Antwort auf die Frage, wie das Kind im Einzelnen gefördert werden soll, wie sich seine Entwicklungsbedürfnisse realisieren lassen und wie es Entwicklungsnotwendigkeiten gerecht werden kann. Aus diesem Grund soll der sonderpädagogische Förderbedarf förderkonzeptbasiert erstellt werden, wie es in den Beschlüssen der Kultusministerkonferenz von 1994 heißt. Es besteht seitdem „die primäre Aufgabe, auf der Grundlage der diagnostisch gewonnenen Daten ein individuell zugeschnittenes Förderkonzept zu erstellen, für das dann sekundär nach den erforderlichen organisatorischen Bedingungen zu fragen ist" (von Knebel 2010, 233 f.). Insofern erfüllt der sonderpädagogische Förderbedarf eine doppelte Funktion.

Das Förderkonzept findet seinen Ausgangspunkt in der aktuellen pädagogischen Situation des Kindes, unter Berücksichtigung inner- und außerschulischer Umfeldbedingungen, die ebenfalls zum Fokus diagnostischer Aufmerksamkeit gehören. Auf dieser Basis sollen Bedingungen der Weiterentwicklung analysiert und Möglichkeiten der Umsetzung gesucht werden. Mit einem initialen Input ist es nicht getan: Die Förderung eines Kindes erfordert eine kontinuierliche diagnostische Begleitung, die sich in der Regel über einen längeren Zeitraum erstreckt. Sie muss sich anhand elaborierter Kriterien kritisch mit den durchgeführten pädagogischen Interventionen auseinandersetzen, Erfolge anerkennen und Misserfolge hinterfragen. Ein Förderkonzept lebt von einer dynamischen Betrachtungsweise und der pädagogischen

Hoffnung auf Veränderung. Das bedeutet freilich nicht, dass vorgegebene Grenzen und schwerlich veränderbare Gegebenheiten übersehen werden dürfen. Es muss deshalb eine Balance gefunden werden zwischen Flexiblem und Festem, einer entwicklungsoptimistischen Position und der Anerkennung begrenzender innerer und äußerer Rahmenbedingungen.

Die Qualität der förderdiagnostischen Arbeit ist für die weitere schulische Entwicklung des Kindes von erheblicher Bedeutung. Von ihr hängt es ab, wie gehaltvoll die pädagogische Arbeit gestaltet wird, wie planvoll und theoretisch begründet sie erfolgt und auch, ob sie den praktischen Möglichkeiten vor Ort standhält. Die Förderplanung stellt also ein besonders sensibles und anspruchsvolles Tätigkeitsfeld dar, das eine hohe Professionalität erfordert, damit sie gelingen kann.

Gleichwohl hat es an der Qualität sonderpädagogischer Gutachten Kritik gegeben, vor allem, weil „Förderkonzeptbasierung und Umfeldorientierung ... noch sehr unzureichend umgesetzt werden" (von Knebel 2010, 243). Offensichtlich überwiegt in vielen Gutachten ein verwaltungstechnisches Interesse, mit dem Ziel, zunächst die benötigten Mittel einzuwerben. Das ist zwar verständlich, gleichwohl bedauerlich. Zugleich ist damit ein grundlegendes Problem aufgerufen, das über sonderpädagogische Begutachtung hinaus weist. Der pädagogische Prozess, um den es vornehmlich geht, erfordert eine fortwährende diagnostische Begleitung. Mit der Diagnostik steht dann zugleich immer auch die Qualität des pädagogischen Handelns auf dem Prüfstand.

An Vorschlägen zur Verbesserung einer prozessorientierten diagnostischen Praxis hat es in den letzten fast 30 Jahren nicht gefehlt. Sie füllen Bände, sind nach wie vor gültig und von hohem Wert. In ihren Grundzügen finden sie sich auch in den Empfehlungen der „Europäischen Agentur zur Entwicklung der Sonderpädagogik" wieder, dort unter dem Gesichtspunkt einer inklusiven Pädagogik (vgl. von Knebel 2010). Ausgerichtet sind diese Arbeiten, wie könnte es anders sein, seit jeher auf Anwendungsbezüge in unterschiedlichen Handlungsfeldern. In jeder schulischen Organisationsform bedürfen Kinder, die über einen sonderpädagogischen Förderbedarf verfügen, einer speziell auf sie ausgerichteten Förderungsplanung. Das gilt für die Sonderschulen ebenso wie für jede andere Beschulungsart. „So gesehen gibt es also auch keine wirklich *neuen* Herausforderungen an eine inklusionstaugliche sonderpädagogische Diagnostik" (von Knebel 2010, 236). Es sei denn, es kommt zu einer weitgehenden Dekategorisierung, mit all den problematischen Folgen, die bereits beschrieben wurden.

7

Der Ressourcen-Ansatz: Stärken, nichts als Stärken

Die Ressourcen-Orientierung ist ein weiteres Element, das einen pädagogischen Fortschritt konstituieren und sich beflügelnd auf den Umbau des Schulsystems auswirken soll. „Integrative Pädagogik bricht [nämlich] ferner mit der Sonderanthropologie von Behinderung als defizitärem Anderssein und stellt eine subjekt- und kompetenzorientierte Sichtweise in den Vordergrund" (Wocken 2006, 100). Bisher sei „die Aufmerksamkeit der Pädagogen auf die Schwächen und Schwierigkeiten der Kinder, statt auf ihre Fähigkeiten, Kompetenzen und Ressourcen" gerichtet (Palmowski 2007) worden. Nunmehr soll ein gänzlich anderer Weg beschritten werden. Seinen Ausgangspunkt findet er in den Stärken des Kindes.

Diese Aussagen können als Leitsätze gelten, die wirkungsmächtig in den fachlichen Diskurs eingegangen sind. Von Ressourcen- und Kompetenzorientierung ist allerorten die Rede: Von den Stärken der Person (und ihres Umfeldes), die bisher unentdeckt blieben und deswegen nicht in Erscheinung treten können. Von positiven Seiten und Entfaltungspotenzialen, die brach liegen, weil ihnen äußere Barrieren oder eine mangelnde soziale Anerkennung entgegenstehen. Von Kompetenzen, die es ermöglichen, bisherige Begrenzungen nachhaltig zu überwinden (z. B. Hogger 2010; Theis-Scholz 2007).

Der Ressourcen-Ansatz, unter den sich diese Überlegungen subsumieren lassen, soll also die pädagogische Arbeit auf ein neues Fundament stellen und zugleich für einen humaneren Umgang mit behinderten Menschen sorgen, indem er die Zuschreibung eines „defizitären Andersseins" überwindet. Er zeichnet „ein Bild vom Individuum als handelndes Objekt, das die Widersprüche und Belastungen in seiner Alltagswelt deutet, sich aktiv mit den Lebensbedingungen auseinandersetzt, sie bearbeitet und so weit wie möglich verändert" (Lenz 2000, 278).

Historisch betrachtet sind die Entwicklungsmöglichkeiten von Menschen mit Behinderungen in der Tat vielfach sträflich unterschätzt worden. Ein besonders eindrucksvolles und gleichwohl bedrückendes Beispiel betrifft den Umgang mit geistig behinderten Menschen. Über lange Zeit wurden sie bevorzugt in großen Institutionen verwahrt, in Asylen, wie Goffman (1973) sie nannte. Ein Schulbesuch erfolgte nicht, da ihnen generell eine Bildungsfähigkeit abgesprochen wurde. Eine Veränderung, die zu einer flächendeckenden Beschulung führte, trat erst nach 1970 ein, auf Initiative der Lebenshilfe, einer Vereinigung von Eltern geistig behinderter Kinder. Sie bestätigt, dass die Entwicklungspotenziale dieser Personengruppe sehr viel größer sind, als zuvor angenommen wurde. Dazu gehören auch Möglichkeiten einer (weitgehend) selbständigen Lebensgestaltung.

Gehörlose Menschen wurden, wie wir heute wissen, lange Zeit in ihrer Entwicklung dadurch eingeschränkt, dass ihnen ihr eigenes Sprachsystem, die Gebärdensprache, (schulisch) vorenthalten wurde. Sicherlich nicht alle, aber sehr viele Menschen mit einer Gehörlosigkeit sind dadurch in eine kommunikative Situation geraten, die sie in ihrer kognitiven, sozialen und emotionalen Entwicklung behindert hat. Die Anerkennung ihrer eigenen Sprache als vollwertiges Kommunikationssystem hat einen Wandel eingeleitet und pädagogisch neue Perspektiven eröffnet. Dies ist ein Erfolg der Selbsthilfebewegung Betroffener, aber auch die Folge intensiver sprachwissenschaftlicher Forschungen.

Operative Eingriffe (Stichwort: Cochlea-Implant) ermöglichen es inzwischen, gemeinsam mit einer besseren Hörgeräteversorgung, dass ursprünglich schwer geschädigte Kinder eine lautsprachliche Kompetenz erreichen, die früher als fast undenkbar galt. Neuere Konzepte zur frühen Hörerziehung tragen dazu bei. Insofern wird auch infrage gestellt, ob eine primär auf audiometrischen Befunden beruhende Differenzierung in gehörlose und schwerhörige Kinder heute noch zeitgemäß ist.

Die ehemals weit verbreitete Existenz von (geschlossenen) Heimen, die mit Heimschulen verbunden waren, führte zu einem eingeschränkten, von der sonstigen Gesellschaft weitgehend separiertem Lebensraum der Zöglinge. Diese strenge äußere Reglementierung wurde erzieherisch für sinnvoll gehalten, begründet dadurch, dass verhaltensgestörte Kinder und Jugendliche mit der Bewältigung eines verführerischen und für sie gefährlichen Alltagslebens überfordert seien. Zwang, Disziplinierung und Unterordnung galten als leitende Mittel zu einer persönlichen Veränderung. Auf äußere Anforderungen, feste Gesetze und Regeln sollte wie vorgeschrieben reagiert werden, um abweichendes Verhalten und innere Haltungen zu korrigieren. Der Person in ihrer Individualität wurde vergleichsweise wenig Aufmerksamkeit geschenkt, auf eine die Entwicklung vorwärts treibende Eigenaktivität kaum vertraut. Die Öffnung entsprechender Einrichtungen und eine optimistischere pädagogische Grundhaltung haben dazu beigetragen, dass sich die Handlungsspielräume aller Beteiligten erweitert haben. Der professionelle Blick konnte sich dadurch stärker auf die Person, ihre Stärken wie Schwächen, Möglichkeiten und Grenzen richten.

Die genannten Beispiele illustrieren beispielhaft, dass und wie sich Rahmenbedingungen für die Lebensbewältigung behinderter und psychosozial beeinträchtigter Menschen auf allgemeiner Ebene verbessert haben. Für andere sonderpädagogische Disziplinen lassen sich Entwicklungen nachzeichnen, die in die gleiche Richtung weisen. Sie beruhen insgesamt auf sehr unterschiedlichen Quellen: Eine veränderte Haltung gegenüber Menschen mit Behinderungen, die aufnahmebereiter und offener ausfiel, ist dabei ein wichtiger Faktor. Damit im Zusammenhang stehend, kommen Veränderungen des deutschen Rechtssystems hinzu (zum Beispiel die Grundgesetzänderung 1994, Art. 3 Abs. 2 Satz 2: „Niemand darf wegen seiner Behinderung benachteiligt

werden"; Bundesverfassungsgerichtsurteil 1997 zum Benachteiligungs-
verbot im Schulwesen). Weiterhin spielen neue wissenschaftliche Erkenntnisse, (sonder-)pädagogische und medizinische Fortschritte eine
bedeutsame Rolle. Gemeinsam haben diese Faktoren zu den beschriebenen Veränderungen geführt, ohne dass sich einzelne Einflussgrößen
genau voneinander differenzieren ließen. Als allgemeine Entwicklungs-
linie lässt sich festhalten, dass das Vertrauen in die Handlungs- und
Veränderungsfähigkeit von Menschen mit Behinderungen über einen
langen Zeitraum gestiegen ist.

Die Gegenüberstellung von „defizitärem Anderssein" und einer sub-
jekt- und kompetenzorientierten Sichtweise stellt allerdings eine grobe
Polarisierung dar, die bei genauerer Betrachtung nicht unproblematisch
ist. Den Pädagoginnen und Pädagogen früherer Zeiten wird man wohl
kaum absprechen können, dass auch sie sich um eine Verbesserung
der Lebenssituation der ihnen anvertrauten Kinder bemüht haben. Um
Förderung und individuelle Veränderung ging es auch bei ihnen – und
das nicht nur erfolglos. Selbst die später viel kritisierte Platzierungsdia-
gnostik war, was oft übersehen wird, von einem Förderungsgedanken
geleitet. Die Entwicklungsmöglichkeiten von Kindern sollte durch den
für sie adäquaten Förderort, einen bestimmten Schultypus, optimiert
werden. Ob dieser Gedanke tragfähig ist und erfolgreich umgesetzt
werden kann, ist inzwischen in Zweifel gezogen worden. Gestritten
wird darüber bis heute ohne abschließendes Ergebnis. In der Diskussion um hochbegabte Kinder nimmt die Platzierungsidee inzwischen
wieder einen großen Raum ein.

Auch bezüglich eines zweiten eingangs genannten Punktes, der Hu-
manisierung des Umgangs mit behinderten Menschen, ist Vorsicht geboten. Unabstreitbar sind in den letzten Jahren und Jahrzehnten, auch bei
partiellen Rückentwicklungen, bedeutsame Fortschritte erzielt worden.
Sie sind so offensichtlich, dass sie hier nicht weiter ausgeführt werden
müssen. Gleichwohl wird man an eine bruchlose Entfaltung des Humanen kaum glauben können. Auch unter den neuen Prämissen, und teilweise bedingt durch sie, sind bestimmte rehabilitative Probleme nicht
gelöst worden und andere neu entstanden.

Ein Beispiel dafür bilden massiv verhaltensgestörte Jugendliche, insbesondere dann, wenn sie einen dissozialen Entwicklungsverlauf nehmen. Hier lässt sich mit Recht fragen, ob die gefeierte Befreiung von al-

ten Zwängen nicht längst in ihr Gegenteil umgeschlagen ist. Nämlich in eine hoffnungslose Überforderung, die dadurch entstanden ist, dass den (vermeintlichen) Ressourcen dieser Personengruppe ein übermäßiges Vertrauen entgegengebracht wurde. Vieles spricht dafür, dass dies der Fall ist. Kinder und Jugendliche als Experten ihres Lebens, das ist eine fatale Formel, wenn sie auf Personen trifft, die ihr Leben beim besten Willen nicht mehr verantwortlich gestalten können. Die ihnen zugestandenen Freiheitsgrade und ein mitunter realitätsferner Glaube an ihre Selbstheilungs- und Steuerungskräfte lassen einen Teil dissozialer Jugendlicher immer weiter ins Unglück laufen – in Verwahrlosung, Kriminalität, Drogenabhängigkeit oder Prostitution in einem frühen Lebensalter. Hier ist die Frage nicht unberechtigt, ob sich auf neue Weise eine wenig humane Haltung etabliert hat, die all dies zulässt (Ahrbeck 2004).

Bereits diese kurzen Ausführungen verweisen darauf, dass die Beziehung von Defizit und Ressource komplizierter ist, als sie auf den ersten Blick erscheinen mag. Es lohnt sich deshalb, dieser Thematik genauer nachzugehen.

Wie kaum ein anderer Autor zuvor, hat sich von Freyberg (2009) intensiv mit diesem Verhältnis auseinander gesetzt. Den Ressourcen-Ansatz bezeichnet er als eine (sonder)pädagogisch inzwischen fest etablierte Leitidee, die die Lehrer-Schüler-Beziehung entscheidend beeinflusst. „Von den Stärken der Schüler ausgehen", so lautet ein einschlägiges Motto, „Fähigkeiten, Stärken und Möglichkeiten erkennen" ein anderes und „Pädagogische Erfolge prinzipiell für möglich halten" ein weiteres. Das klingt freundlich und ist auch so gemeint. Kinder und Jugendliche mit und ohne Behinderungen sollen nicht vorrangig darauf hingewiesen werden, dass sie etwas nicht können und dadurch gekränkt und entmutigt werden. Der Blick soll sich stattdessen auf ihre potenziellen Fähigkeiten und die bereits vorhandenen Stärken richten, so dass eine optimistische, auf die Zukunft gerichtete Betrachtung der Person gelingt. Dadurch sollen neue Möglichkeitsräume erschlossen werden. Voraussetzung dafür ist allerdings, dass die Betroffenen über die benötigten Ressourcen wirklich verfügen.

Von Freyberg warnt davor, dem Ressourcen-Ansatz unkritisch zu folgen. Mehr noch: Er hält die gegenwärtige Fixierung auf den Ressourcen-Ansatz und die Art und Weise, wie er interpretiert wird, für hochproblematisch. Die Ressourcen-Idee sei zur „zentralen beruflichen

Ideologie ... insbesondere in den Feldern der Sozial- und Sonderpädagogik" geworden (von Freyberg 2009, 8). „Mit Hilfe des Ressourcen-Ansatzes", so lautet seine zentrale These, „täuschen sich die Professionellen im sonder- und sozialpädagogischen Feld *zum einen* über ihre eigenen Kompetenzen, Fähigkeiten und Ressourcen; und *zum anderen* über die Kompetenzen, Fähigkeiten und Ressourcen derer, mit denen sie Arbeitsbündnisse eingehen müssen. Diese Selbsttäuschung ist leider auch noch mit einer gehörigen Portion Realitätsverleugnung verbunden" (von Freyberg 2009, 22; kursiv im Original).

Zunächst zu den Ressourcen von Kindern und Jugendlichen: Jedes pädagogische (oder auch therapeutische) Handeln ist darauf angewiesen, dass es das Gegenüber erreicht – also eine hinreichende Aufmerksamkeit erzeugt, Interesse hervorruft oder zumindest darauf bauen kann, dass eine Einsicht in Notwendigkeiten existiert. Dies allein reicht nicht aus: Hinzu kommen muss eine wie auch immer geartete Fähigkeit zur Veränderung. Es bedarf also individueller Ressourcen, die unmittelbar zur Verfügung stehen oder ohne übermäßige Mühen aus der Latenz erweckt werden können. Ohne eine solche innere Fähigkeit zur Selbstveränderung, und sei sie auch nur schwach entwickelt, wird jede pädagogische Intervention scheitern. Das ist nicht neu, das wissen wir, seitdem über pädagogische Prozesse reflektiert wird. Insofern gehört das Ansetzen an den Stärken der Kinder zu den elementaren Grundlagen jeder pädagogischen Arbeit.

Die kindliche Entwicklung verläuft aufgrund ihrer inneren Logik weder problemlos noch gradlinig. Im Lernen, dem kognitiven, sozialen wie emotionalen, sind zahlreiche Hindernisse zu überwinden. Sie führen notgedrungen zu Kränkungen und Enttäuschungen; ohne sie ist eine Weiterentwicklung gar nicht möglich. Keinem Kind kann alles sofort gelingen. Das heißt, es muss zunächst anerkannt werden, dass es Misserfolge gibt, es also der Mühe und Geduld bedarf, bevor ein Ziel erreicht werden kann. Ein solches Ringen um das gewünschte Ergebnis verläuft in der Regel dann erfolgreich, wenn die vorhandenen Fähigkeiten in Relation zur Problemstellung ausreichend gut entfaltet sind. Anderenfalls, wenn die Entmutigungen persistieren und übermächtig werden, ist damit zu rechnen, dass sich Kinder zurückziehen und resignieren. Die Entwicklungsverläufe von vielen Kindern und Jugendlichen mit Lernbehinderungen zeugen davon.

Damit ist skizziert, dass und in welcher Weise das Lernen eine Herausforderung darstellt. Können und Nicht-Können, bereits Mitgebrachtes und (noch) nicht Mögliches durchmischen sich. Neben Ressourcen, die vorhanden sein müssen, damit eine Aufgabe gelöst werden kann, bedarf es auch der Anerkennung bestehender Defizite, also des Umstandes, dass die eigenen Kräfte (zunächst) nicht ausreichen. Darüber darf nicht hinweggesehen werden, weder auf Seiten der Schüler noch von Lehrerrinnen und Lehrern. Nichts hilft Kindern weniger, als wenn sie mit unverdientem Lob überschüttet werden, das sie über ihre wirkliche Situation hinwegtäuscht. Kinder bedürfen vielmehr einer geduldigen und wohlwollenden Begleitung, die sie im Ringen um das ihnen Mögliche unterstützt. Dazu gehört auch, dass Grenzen anerkannt werden, die beim besten Willen nicht überschritten werden können – weil die eigenen Kräfte, sprich: Ressourcen, dafür nicht ausreichend vorhanden sind.

Bei Kindern mit Behinderungen verlaufen Lernprozesse grundsätzlich in gleicher Weise, vom Nicht-Können zum Können, nur dass ihre Grenzen in einigen wichtigen Bereichen enger gesteckt sind. Auch hier stellt sich die Frage nach dem Verhältnis von Ressourcen und Defiziten.

Von den Stärken behinderter Kinder ausgehen, sich auf vorhandene Fähigkeiten stützen, ihre Ressourcen nutzen – wer wollte diesem Anliegen widersprechen. Aber ein solcher Zugang bildet, wie bereits angemerkt, die Grundlage jeglicher pädagogischen Arbeit; insofern ist er trivial und eigentlich kaum der Erwähnung wert. Doch mit dem Ressourcen-Ansatz ist etwas anderes gemeint: Seine Besonderheit besteht darin, dass er als die einzig legitime Betrachtungsweise von Kindern mit Behinderungen gilt. Er soll die „Sonderanthropologie von Behinderung als defizitärem Anderssein" (Wocken 2006, 100) abschaffen und garantieren, dass der alte Blick auf die Defizite endlich und unwiederbringlich überwunden wird.

Der Ressourcen-Ansatz beruft sich unter anderem auf Erkenntnisse der Resilienzforschung. Resilienz bedeutet, dass Kinder mit einer Widerständigkeit gegen die Belastungen des Lebens ausgestattet sind. Sie verfügen, trotz ungünstiger Lebensumstände, über hinreichende protektive Kräfte, die es ihnen ermöglichen, einen guten Entwicklungsverlauf zu nehmen. Ihre personalen Ressourcen verknüpfen sich dabei häufig mit einem förderlichen Umfeld, oder genauer formuliert: es gelingt einem Kind, unterstützende Umweltbedingungen wahrzunehmen, aufzusuchen und zur eigenen Entlastung zu nutzen. So berichtet etwa Leuzinger-Bohleber (2009, 17 f.) über eine amerikanische Studie (Hauser, Allen & Golden 2006), in der Entwicklungsverläufe extrem gewalttätiger, psychiatrisch auffälliger Kinder und Jugendlicher über einen längeren Zeitraum analysiert wurden. „Zwar haben die meisten der behandelten Kinder problematische Karrieren genommen: sie wurden kriminell, drogensüchtig oder in anderer Weise schwer psychisch krank. Doch – entgegen der Erwartung von Fachleuten – haben sich immerhin 9 der 16 genauer untersuchten, ehemals schwer gewalttätigen Kinder erstaunlich gut entwickelt. Detaillierte Analysen ihrer Lebensgeschichten zeigten, dass diese Kinder ... – im Gegensatz zu den Biographien der anderen – mindestens eine verlässliche, gute Beziehungserfahrung (zu einer Oma, einer Nachbarin, einer befreundeten Familie) machen konnten. Diese positiven Beziehungserfahrungen schienen für diese Kinder eine Quelle der Hoffnung und ein Schutz gegen Aufgeben und Resignation geworden zu sein, ein Gegengewicht zu den vorherrschenden Erfahrungen von Gewalt und schweren Traumatisierungen, denen sie jahrelang ausgeliefert gewesen waren" (Leuzinger-Bohleber 2009, 17 f.).

Einigen Kindern und Jugendlichen standen demnach ausreichende personale Ressourcen zur Verfügung, einschließlich eines stützenden Umfeldes, bei anderen waren sie nicht vorhanden. Dass im ersten Fall allein die Stärken obsiegt haben (und im zweiten nicht), dürfte dennoch einer verkürzten Betrachtungsweise entspringen. Bei keiner Person der beiden Gruppen wird es überhaupt keine vorwärts gerichteten Ressourcen gegeben haben, aber auch niemanden ohne massive Defizite. Gleiches gilt für das soziale Umfeld. Tragfähiger ist deshalb die Annahme, dass es jeweils zu einem Ringen zwischen Stärken und Schwächen, Ressourcen und Defiziten gekommen ist, das zu einem unterschiedlichen Ausgang geführt hat.

Diese auf Vollständigkeit ausgerichtete Wahrnehmung hat den Vorteil, dass sie zur Kenntnis nimmt, was offensichtlich ist. Viele Kinder und Jugendliche mit sonderpädagogischem Förderbedarf sind lebensgeschichtlich erheblichen Belastungen ausgesetzt, die zu desaströsen intrapsychischen Folgen führen. Kinder, die eine anhaltende Ignoranz ihrer Bedürfnisse ertragen müssen, können in eine veritable psychische

Not geraten, der sie unter Auferbietung aller Kräfte und beim besten Willen nicht entfliehen können. Sie können an ein Milieu gebunden sein, in dem ihnen niemand wirklich hilft, und Schäden erleiden, die weitgehend irreparabel sind.

Insofern ist es bedenklich, wenn ein einseitiger Blick propagiert wird, der von Schwächen und Defiziten nichts mehr wissen will. Zu Recht konstatiert von Freyberg (2009, 19): „Kinder und Jugendliche werden zu Klienten sonderpädagogischer Hilfe und Förderung, nicht, weil sie über Ressourcen und ein gewisses Maß an Resilienz verfügen, sondern weil sie in relevanten Dimensionen ihrer Entwicklung mehr oder weniger schwere Defizite aufweisen. Deswegen müssen Fallverstehen und Fallbearbeitung sich ganz wesentlich mit diesen Defiziten auseinandersetzen" (von Freyberg 2009, 19). Dass etwas nicht vermocht wird, dass ein Mangel vorhanden ist, definierbare Störungen existieren und nicht mit leichten Mitteln aus der Welt zu schaffende Beeinträchtigungen – das ist die Voraussetzung dafür, dass Menschen einer besonderen Zuwendung bedürfen und ein Recht auf eine spezielle Unterstützung haben, die über das übliche Maß hinausgeht. Mit der Nicht-Wahrnehmung dieser Defizite verbindet sich – davon ist von Freyberg fest überzeugt – eine Verleugnung ihrer Bedürftigkeit und ihres Angewiesenseins auf Andere.

Es liegt schon eine gehörige Portion Naivität in der Vorstellung, es reiche bei hoch belasteten Menschen aus, die Aufmerksamkeit allein oder fast ausschließlich auf ihre im Inneren vorhandenen Kräfte oder die des sozialen Umfeldes zu lenken. Dazu trägt auch eine unkritische Rezeption der Resilienzforschung bei, die suggeriert, es komme nur darauf an, bisher unerkannte Fähigkeiten freizulegen und ans Tageslicht zu bringen.

Der Schaden, der dadurch entstehen kann, ist erheblich. Die oft schrecklichen Folgen massiver körperlicher Misshandlungen und sexuellen Missbrauchs sind seit langem bekannt. Einen wesentlichen Beitrag zu einem tiefergehenden Verständnis hat, vor allem seit den 1990er Jahren, die Erforschung der intrapsychischen Konsequenzen traumatisierender Lebenserfahrungen geleistet. So sind etwa 4 % aller Kinder schwerer körperlicher Gewalt ausgesetzt (Kastner 2009, 113; vgl. auch: Bussmann 2007). „Kindesmisshandlung ist ein Delikt ohne Grenzen, ohne soziale Barrieren und stellt keineswegs ein ausschließlich im sozial randständigen Milieu vorzufindendes Phänomen dar. Die Täter sind zu über 90 % die eigenen Eltern, die entweder ihre biografischen Erfahrungen tradieren oder aus einer Reihe unterschiedlicher Gründe handeln: aus Mangel an Verständnis für die kindlichen Bedürfnisse, aus Unfähigkeit, das Ausloten von Grenzen als wesentlichen Teil der kindlichen Erfahrung anzuerkennen, oder aus genereller Überforderung, mangelnder Problemlösekompetenz, fehlender Selbstsicherheit und mangelhafter Impulskontrolle" (Kastner 2009, 114).

„In mehr als 60 % der Familien, in denen ein Kind regelmäßig misshandelt wird, betreffen die Übergriffe immer ein und dasselbe Kind, das zum ,Sündenbock' gestempelt wird innerhalb einer destruktiven Familiendynamik, aus der keiner mehr einen Ausweg sieht und sucht, und das in dieser Rolle dazu beiträgt, das Familiensystem zu stabilisieren. So ist es auch erklärbar, dass alle Mitglieder des Familienverbands dazu beitragen, das Drama hinter der Wohnungstür verdeckt zu halten, dass es dem Täter gelingt, sein Verhalten ungestört fortzusetzen, und dass die Partnerin kaum oder gar nicht reagiert" (Kastner 2009, 115).

Viele der Opfer suchen einen Ausweg für sich, indem sie später selbst zu Tätern werden (Streeck-Fischer 2010). Opfer wie Täter setzen dabei durchaus vorhandene Kräfte ein: die Opfer, um ihr Leid zu minimieren, und die Täter, damit sie ihr Tun ungestört fortsetzen können. Was man in diesem Kontext mit einem allein auf eine positive Zukunftsbewältigung ausgerichteten Kompetenzbegriff anfangen soll, dürfte schwer zu erklären sein. So werden sich zum Beispiel viele Eltern, die ihre Kinder misshandeln, nicht dadurch davon abhalten lassen, dass man sie für kompetent hält, auf ihre inneren Kräfte vertraut und sie zu Experten ihres Lebens erklärt.

Die Reihe der hier anzuführenden Beispiele ließe sich leicht erweitern. Sie beschränken sich bei weitem nicht auf die bisher skizzierte Gewaltproblematik. Wohin ein übertriebenes, durch Erfahrungen kaum noch belehrbares „Vertrauen" in die Ressourcen psychosozial schwer beeinträchtigter Menschen führen kann, lässt sich bei Gaschke (2003) ausführlich nachlesen – illustriert durch eindrucksvolle Fallbeispiele. Aber auch in vielen anderen Bereichen der Sonderpädagogik finden sich Situationen und Konstellationen, die von Überforderung und Hilflosigkeit zeugen – in einem so starken Maße, dass der Verweis auf die vorhandenen Ressourcen befremdlich wirkt. Dies gilt insbesondere für

Kinder und Jugendliche mit schwer und mehrfacher Behinderung und massiven geistigen Beeinträchtigungen.

Angesichts der Schwere der Beeinträchtigungen oder der Heftigkeit, mit der Menschen an ihren inneren und äußeren Lebensbedingungen leiden können, erweist sich ein radikaler Ressourcen-Ansatz als ein gefährliches Unternehmen. Menschen können in sich selbst und in ihren Lebensumständen so verfangen sein, dass ihre Selbsthilfekräfte kaum mehr tragfähig sind. Sie sind dann in ganz intensiver Weise auf andere angewiesen, die sie schützen, ihnen Halt geben und sie mitunter auch in ihrem Verhalten und Erleben steuern. Vor allem bedürfen sie eines Gegenübers, das eine exzentrische Position einnimmt und ihnen bei dem hilft, was sie selbst nicht mehr können oder noch nie konnten. Die an sie herangetragene Gewissheit, sie würden über ausreichend starke Ressourcen verfügen, mag auf die Betroffenen ausgesprochen respektlos wirken.

Von Freyberg spart deshalb nicht an harschen Worten: Kinder und Jugendliche mit zugespitzen Lebensproblemen dürfen nicht zu „resilienten und kompetenten Ko-Konstrukteuren ihrer Bildung und Erziehung' aufgemöbelt und mit ihren Problemen und Konflikten allein gelassen" werden (von Freyberg 2009, 9). Der Ärger, der in dieser Formulierung mitschwingt, lässt sich vor folgendem Hintergrund verstehen. „Da wird unterstellt, dass ausgerechnet die schwierigsten Kinder und Jugendlichen, an deren Abwehr und Verweigerung ‚alle bisher gescheitert sind', über die Ressource der Autonomie verfügen, dass ihr Konfliktverhalten von Eigensinn und Selbstbestimmung zeugt, dass sie – mündigen Bürgern gleich – frei darüber entscheiden können, ob sie Angebote der Hilfe und Förderung annehmen oder ablehnen wollen. Diese maßlose Unterstellung verleugnet das Problem dieser Kinder und Jugendlichen ebenso wie das der Professionellen, die keinen Zugang zu ihnen finden" (von Freyberg 2009, 48 f.).

Gleiches gilt für überforderte „Eltern, die als kompetente Erziehungspartner hochgejubelt werden, um hinterrücks gleichsam als Reservearmee für Schuldzuschreibungen bereitzustehen" (von Freyberg 2009, 9). Denn die Kehrseite des Ressourcen-Ansatzes ist unübersehbar: Derjenige, der die notwendigen Kräfte in sich trägt, wird als autonomes Individuum anerkannt, das eigenverantwortlich handeln und für sich sorgen kann. Auf andere ist er nur wenig angewiesen, er benötigt sie allenfalls zur Unterstützung seiner selbst gefassten Absichten. Damit allerdings wird das für autonom erklärte Individuum, als Experte seines Lebens, in eine Position gebracht werden, die durchaus heikel ist. Für ein Scheitern muss es sich ebenfalls in besonderer Weise verantwortlich fühlen. Die Gefahr, dass es dadurch heftig in Ungnade fällt, ist erheblich – und in gewisser Weise vorprogrammiert. Denn der zuvor noch mit übermäßigen Kräften „ausgestattete" Ressourcen-Träger gefährdet im Falle eines Misslingens nicht nur sich selbst, sondern auch die professionell Tätigen, die sich in ihm getäuscht haben. Auch diese müssen nunmehr einen eigenen, grundlegenden Irrtum eingestehen.

Die alternative Gegenüberstellung von Ressourcen- und Defizitansatz erweist sich aus den genannten Gründen als fatal. An die Stelle einer polarisierenden Debatte zwischen Ressourcen- und Defizitansatz sollte, so von Freyberg, ein Entwicklungs- und Beziehungsverständnis treten, das von einem aktiven Handeln der Betroffenen ausgeht, indem sich beide Seiten miteinander vermengen.

In seiner Gesamtheit kann dieses Handeln progressiven wie regressiven Zwecken dienen, befreiend oder fesselnd wirken. Die Rolle der Ressourcen ist dabei weit weniger eindeutig als gemeinhin behauptet wird. Mitunter werden die zur Verfügung stehenden Kräfte darauf gerichtet, dass jede Art von Fortentwicklung unterbleibt, alle vorhandenen Ressourcen eingesetzt, damit sich ein misslicher Status zementiert. Das ist kein ungewöhnliches, sondern ein weit verbreitetes Phänomen, das zu Abwehr- und Widerstandszwecken dient. Eindrucksvolle Belege dafür finden sich in der Schrift über unbeschulbare Schülerinnen und Schüler, die von Freyberg und Wolff (2005/2006) unter dem Titel „Störer und Gestörte" in zwei Bänden herausgegeben haben. Ebenso wenig klar lässt sich vielfach ausmachen, was Defizite sind und was nicht. Wenn man in den Symptombildern verhaltensgestörter Kinder, die gemeinhin nur als Störungszeichen gelten, eine Kompromissbildung zwischen widersprüchlichen Kräften sieht, dann weisen sie einen Doppelcharakter auf. Sie sind einerseits Ausdruck eines gescheiterten Selbsthilfeversuchs, der zu Leiden und Lebenseinschränkungen führt – und insofern eine Störung. Zum anderen repräsentieren sie aber auch eine aktiv herbeigeführte Lösung, die bestmögliche, die dem Kind zur Verfügung steht – und damit eine positive Anpassungsleistung. Können und Nicht-Können, Ressourcen und Defizite liegen hier nahe und manchmal schwer unterscheidbar beieinander, sehr viel näher zumindest, als die polarisierende Unterscheidung von Ressourcen und Defiziten unterstellt.

Diese Erkenntnis wird übrigens auch von der neueren Resilienzforschung geteilt: „Insgesamt kann konstatiert werden, dass die Funktionsweise dieser Faktoren komplexer ist, als es die ursprüngliche, dichotome Unterscheidung zwischen Risiko und Schutz vermuten ließ. So können einige Schutzfaktoren/Ressourcen, je nach Bedingungskonstellation, selbst zum Risiko werden." Und kurz darauf: „Darüber hinaus verleihen Schutzfaktoren/Ressourcen auch keine quasi garantierte, lebenslange psychische Widerstandsfähigkeit (Resilienz) gegenüber Entwicklungsrisiken, sondern eher eine temporäre Resilienz, die sich in Einzelfällen auf bestimmte Lebensabschnitte beschränken und später wieder verschwinden kann" (Fingerle 2010, 124).

8

Grenzen des Möglichen und „goldene Fantasie"

Der Ressourcen-Ansatz hat neben den Schülerinnen und Schülern und ihrem sozialen Umfeld auch die professionell Tätigen zum Adressaten. Lehrerinnen und Lehrer sind aufgefordert, nicht nur Kindern und Jugendlichen in der genannten Perspektive zu begegnen, sondern auch sich selbst, indem sie sich auf die eigenen Stärken konzentrieren. Wiederum gibt es – auf den ersten Blick – kaum einen Grund dafür, dem zu widersprechen. Der Ressourcen-Ansatz macht Mut, er stärkt den pädagogischen Optimismus und das Vertrauen darauf, dass etwas bewegt und erfolgreich verändert werden kann. Die Grenzen des für erreichbar Gehaltenen erweitern sich, und es können Aufgaben angegangen werden, die bisher als zu schwierig galten. Mitunter mag sogar ein überzogenes Vertrauen in die eigenen Kräfte nützlich sein: Insofern, als es die Motivation zur (Weiter-)Arbeit erhöht und resignativen inneren Stimmen entgegen wirkt. Viele Tätigkeiten, auch außerhalb des pädagogischen Feldes, werden mit einer gewissen Idealisierung der eigenen Möglichkeiten aufgenommen und führen dadurch zu einem guten Ende.

Doch auch hier sind die Verhältnisse komplizierter als sie zunächst erscheinen. Die Sonderpädagogik ist definitorisch in einem Bereich angesiedelt, in dem in einem besonderen Maße Schwierigkeiten auftreten. Lernen und Entwicklung unter erschwerten Bedingungen, das ist eine treffende Bezeichnung für ihr Tätigkeitsfeld. Sie sollte immer erst dann zu Rate gezogen werden und in Erscheinung treten, wenn die allgemeine Pädagogik ihre Aufgaben nicht mehr ausreichend erfüllen kann. Die Trennungslinie, die hier zu ziehen ist, bedarf einer klaren Definition. So macht es zum Beispiel wenig Sinn, die Vielzahl unruhiger und unangepasster Kinder, die sich heute in Grundschulklassen finden, mit einem sonderpädagogischen Förderbedarf zu versehen. Bis zu einem Drittel der Schüler würde damit zum Gegenstand einer speziellen Pädagogik erhoben. Und das mit ungewissem Ausgang: Die meisten dieser Kinder weisen zwar schulische Adaptationsprobleme auf, aber keine schwerwiegenden sozial-emotionalen Beeinträchtigungen. Die Erziehungsprobleme, vor die sie Lehrerinnen und Lehrer stellen, sind allgemeiner und alltäglicher Art; die Sonderpädagogik dürfte dafür keine bessere Lösung finden als die allgemeine Pädagogik.

Nur in seltenen Fällen besteht die sonderpädagogische Arbeit in einer einfachen Assistenz, einer äußeren Unterstützung im Rahmen ansonsten ungestörter Lernprozesse. Sehr viel häufiger werden Lehrerinnen und Lehrer in einem starken Maße persönlich gefordert. Das ist durch ihre spezielle Aufgabe begründet: Die Kinder und Jugendlichen, mit denen sie sich beschäftigen, haben besondere Entwicklungsprobleme, die sie in die jeweilige pädagogische Beziehung eingehen lassen. Daraus resultiert eine spezielle Beziehungsgestaltung und -dynamik.

Ganz offensichtlich ist dies bei progredienten körperlichen Erkrankungen, die zum Tode führen können. Die davon betroffenen Kinder bedürfen, in Klinikschulen oder im Hausunterricht, einer intensiven und anspruchsvollen persönlichen Begleitung. Kinder mit einer geistigen Behinderung können Lehrerinnen und Lehrer vor besondere Erziehungs- und Beziehungsprobleme stellen: Etwa aufgrund unterschiedlich entwickelter Persönlichkeitsbereiche, einer oft schwer durchschaubaren Mischung von kognitiven und emotionalen Beeinträchtigungen und komplexer Anforderungen der äußeren Realität. Die Diskussion über eine „Unterstützte Sexualität" bei geistig behinderten Erwachsenen zeigt beispielhaft, wie konfliktreich pädagogische und rehabilitative

Herausforderungen angelegt sein können. Auch wird Kindern mit einer Lernbeeinträchtigung Unrecht getan, wenn man ihre Entwicklungsproblematik allein auf den engen kognitiven Bereich einengt. Die „äußere Armut", in der sie häufig aufwachsen, korrespondiert oft mit einem geringen sozio-kulturellen Anregungsmilieu, das wiederum zu einer „inneren Armut" führen kann. Auch und besonders darin, in der Bearbeitung dieser „inneren Armut", liegt eine spezielle Herausforderung, die sich auf der Beziehungsebene niederschlägt (Ahrbeck & Rauh 2010). Bei Kindern mit Verhaltensstörungen ist regelhaft davon auszugehen, dass sie ihre innere Problematik kraftvoll in Szene setzen. Sie teilen dem Gegenüber dadurch etwas von ihren inneren Nöten mit und erwarten darauf Antwort. Häufig fordern sie diese mit Macht heraus.

Zur pädagogischen Arbeit gehört, dass ein Scheitern eingerechnet werden muss. Jede pädagogische Tätigkeit muss sich mit den Grenzen der Erziehung auseinandersetzen (Bernfeld 1925). Die Grenzen des Erreichbaren sind im sonderpädagogischen Kontext in aller Regel enger gesteckt als in der allgemeinen Pädagogik. Die meisten Kinder, die später einen sonderpädagogischen Förderbedarf erhalten, haben in ihrem bisherigen Lern- und Entwicklungsverlauf nur begrenzt Erfolge erfahren. Kinder mit Lernbeeinträchtigungen erleben, dass ihre kognitive Entwicklung verzögert verläuft. Elementare Fähigkeiten wie die des Lesens, Schreibens oder Rechnens erwerben sie langsamer als andere Kinder, vielfach haben sie damit auch noch am Ende der Schulzeit erhebliche Schwierigkeiten. Ein solches Ergebnis ist schmerzlich, weil es die spätere Lebensbewältigung erheblich erschwert. Kinder mit massiven Beeinträchtigungen der sozialen und emotionalen Entwicklung sind, um ein weiteres Beispiel zu nennen, oftmals heftigen inneren und äußeren Spannungen ausgesetzt. Sie kommen weder mit sich selbst noch mit anderen Menschen zurecht. Schulabsenz, früher Drogenkonsum und delinquentes Verhalten können die Folge sein, verbunden mit einer Persönlichkeitsentwicklung, die nur noch begrenzt und unter großen Mühen veränderbar ist. Sprachbehinderte Kinder erleben kommunikative Einbußen; das, was anderen leicht gelingt, bleibt ihnen in spezifischer Weise verschlossen – mit zahlreichen Folgen zum Beispiel für die Selbstwertentwicklung.

All dies konnten die Lehr- und Lernangebote der allgemeinen Pädagogik nicht verhindern: Bei Beeinträchtigungen, die erst in der Schulzeit entstanden sind, ebenso wenig wie diejenigen, die bereits in die Schule mitgebracht wurden. Eine realistische Bestandsaufnahme zeigt, dass sich bestimmte Lebenserschwernisse und Entwicklungsverzögerungen auch mit den Mitteln der Sonderpädagogik – trotz zunehmend erweiterter Möglichkeiten – nur in einem gewissen Rahmen kompensieren lassen. Zudem gelingt auch eine Auseinandersetzung und Versöhnung mit dem nur wenig Veränderlichen nicht immer. Von dieser, wenngleich nur partiellen Erfolglosigkeit sind die (viel gescholtenen) Sonderschulen betroffen, aber auch integrative oder inklusive Organisationsformen, wie die Ausführungen des 4. Kapitels belegen.

Schreibt man diesen misslichen Zustand nicht ausschließlich einem kindlichen Versagen zu, wozu es keinen vernünftigen Grund gibt, dann fällt auch die Erfolgsbilanz der Lehrerinnen und Lehrer wenig schmeichelhaft aus. Auch sie haben das angestrebte Ziel verfehlt, etwas nicht erreicht, das sie sich ursprünglich gewünscht oder für möglich gehalten haben. Die potenziellen Gründe dafür sind vielfältig: Sie können in den persönlichen und fachlichen Möglichkeiten der einzelnen Lehrerin oder des einzelnen Lehrers liegen, in ihren unzulänglich entwickelten Kräften, sprich Ressourcen oder Stärken. Oder auch in spezifischen, kaum auflösbaren Beziehungskonstellationen, die sich im Schulalltag zwischen Lehrern und Schülern sowie innerhalb dieser Gruppen einstellen. Weiterhin kommen materielle und strukturelle Rahmenbedingungen als limitierende Faktoren der pädagogischen Arbeit in Frage. Und abschließend darf nicht übersehen werden, dass auch unüberwindbare Grenzen existieren, die in den Kindern und ihren Entwicklungspotenzialen liegen.

Die Grenzen, die im sonderpädagogischen Feld gehäuft auftreten, sind in Gänze keine, die sich auf ein schuldhaftes Verhalten einzelner Beteiligter reduzieren lassen, auf einen unzureichenden Reformwillen oder gar ein rückständiges, integrations- oder inklusionsfeindliches Weltbild. Sie können auch durch die Aktivierung unentdeckter und ungenutzter Ressourcen – bei Schülern und Lehrern – nur partiell, nicht aber grundlegend revidiert werden.

Diese dem Realitätsprinzip verpflichtete Einsicht bezeichnet keine resignative Position. Im Gegenteil: Sie stellt eine gesunde Basis dafür dar, dass bestehende Möglichkeiten erkannt und zu ertragreichen Veränderung genutzt werden, ohne dass es zu einer uneinlösbaren Idealisierung eigener und fremder Möglichkeiten kommt – deren unrühmliches Ende vorhersehbar ist.

Die Wahrscheinlichkeit, dieser Gefahr zu erliegen, ist bei einem übermäßigen Vertrauen in den Ressourcen-Ansatz ausgesprochen groß. Unter dem Dach der Inklusion soll er, gemeinsam mit anderen Neuerungen, ein anderes (sonder-)pädagogisches Zeitalter einläuten und die Last der Vergangenheit mit leichter Hand abschütteln. Die Dekategorisierung bietet sich dabei als ein weiterer Bündnispartner an, ebenso wie ein erweitertes Normalitätsverständnis. Die damit einhergehenden Idealisierungen sind häufig dermaßen mächtig, dass sie zu einem „Mythos vom Neuanfang" (von Freyberg 2009, 43) führen. Dieser Mythos erstreckt sich auf unterschiedliche Ebenen: Eine seiner wichtigsten Ingredienzien ist der Glaube an die Kraft, die von einer moralischen Neubesinnung im Umgang mit Besonderheit ausgehen soll, eine weitere liegt in dem Vertrauen auf die heilsame Wirksamkeit institutioneller Veränderungen. Zusammen mit dem Ressourcen-Ansatz sollen sie einen Neuanfang begründen, der sich wirkungsmächtig in der Beziehung zu den Kindern niederschlägt.

Von einem Neuanfang oder Neubeginn ist in der psychoanalytischen Literatur explizit die Rede. Winnicott (1974) hat auf die Bedeutung einer „hinreichend guten" und „haltenden" Umwelt verwiesen, als Voraussetzung dafür, dass auch bei psychisch und psychosozial schwer beeinträchtigten Kindern und Jugendlichen eine grundlegende Veränderung möglich wird. Vor ihm ist es Balint (1970) gewesen, der das Konzept des Neubeginns entwarf. Auch er nahm eine optimistische Haltung ein und vertraute darauf, dass sich das alte, lebensgeschichtlich mitgebrachte Unglück durch entsprechende Beziehungserfahrungen wandeln kann – so dass am Ende doch noch ein guter Entwicklungsverlauf steht. Die Bedeutung beider Autoren für die pädagogische Rehabilitation der genannten Personengruppe ist unumstritten.

Gleichwohl enthalten diese Konzepte erhebliche Gefahren. Sie bestehen vor allem darin, dass es zu folgenschweren Verkennungen kommt, die sich später kaum mehr auflösen lassen. Viele schwierige Kinder sind durch ihre Vorerfahrungen so stark belastet, dass sie sich schwerlich auf andere Personen einlassen und ihnen vertrauensvoll begegnen können. Sie bedürfen, damit dies annäherungsweise gelingen kann, eines erheblichen Vorschusses an Aufmerksamkeit und Zuneigung, an Vertrauen und Geduld, Sicherheit und Schutz. Zudem muss ihre heftige, oft nur schwer erträgliche Aggressivität und Destruktivität ausgehalten werden, von pädagogischen Bezugspersonen, die sich als unzerstörbar erweisen und denen es gelingt, Rachewünsche im Zaum zu halten.

Ein daran ausgerichtetes Beziehungsangebot kann, obgleich für den inneren Haushalt nicht ungefährlich, überaus reizvoll und verführerisch sein. Im Erleben der Kinder ist es häufig mit dem weitreichenden Versprechen versehen, sie würden nun endlich das bekommen, was ihnen bisher verwehrt blieb. Ihre Bedürftigkeit tritt dadurch massiv zu Tage: Vor allem gekleidet in den Wunsch nach Wiedergutmachung und Entschädigung für das früher Erlittene. Dieser Wunsch wird zum leitenden Motiv der Begegnung. Er stützt sich auf die Fantasie, es könne nunmehr eine vollkommen ungestörte und befriedigende Beziehung geben, die alles Alte folgenlos hinter sich lässt und das Bisherige ungeschehen macht.

Rettungs- und Erlösungsfantasien treten aber nicht nur bei Kindern und Jugendlichen auf. Sie sind auch bei Lehrerinnen und Lehrern zu finden. Die Gründe sind ganz unterschiedlich gelagert, sie können von der Person des Lehrers selbst ausgehen oder von außen an sie herangetragen werden. Eine starke Identifikation mit der kindlichen Bedürftigkeit lässt sich im Rahmen eines Übertragungsgeschehens als eine Reaktion verstehen, die durch die kindliche Wunschwelt ausgelöst wird. Lehrerinnen und Lehrer sind in diesem Fall ein Resonanzboden für etwas, das sicherlich nicht ausschließlich, aber doch in erster Linie durch einen Anderen induziert wird. Die Voraussetzung dafür ist, dass eine innere Aufnahmebereitschaft für den kindlichen Wunsch nach Neubeginn und Entschädigung existiert. Für die pädagogische Begegnung kann darin, bei hinreichender Selbstreflektion, eine wichtige Erkenntnisquelle liegen.

Einen anderen Faktor bilden – wohl auch berufswahlspezifische – Wünsche, die in den Lehrerinnen und Lehrern selbst angesiedelt sind: Der Wunsch zu helfen, etwas zu geben und Gutes zu tun, für benachteiligte Menschen einzutreten und für Gerechtigkeit zu sorgen. Das Bedürfnis nach einem Neubeginn ist vor diesem Hintergrund verständlich. Jeder Mensch, auch wenn er früh belastet ist, soll eine zweite Chance erhalten, die gute Startvoraussetzungen beinhaltet. Das geschehene Unrecht, etwa bedingt durch Vernachlässigung, Missachtung oder Gewalterfahrungen, soll sich im weiteren Leben nicht mehr entscheidend auswirken, die Last der Vergangenheit endgültig überwunden werden.

Dieser Wunschkatalog erstreckt sich im sonderpädagogischen Feld nicht nur auf die bisher genannte Personengruppe der psychosozial schwer beeinträchtigten Kinder und Jugendlichen. Er bezieht sich auch auf andere Gruppen von Menschen mit Behinderung. Mit der Inklusion erhält er einen weiteren Auftrieb: Dort wird eine neue Verortung von Behinderungen vorgenommen, als Teil einer weit gestreuten Vielfalt, mit einem erweiterten Toleranzrahmen und einer Reduzierung normativer Ansprüche. Die Inklusion soll zu einem fundamentalen Neubeginn führen.

Mit der „goldenen Fantasie" hat Cohen (2004, 51 ff.) einen Begriff geprägt, der sich kritisch mit der Vorstellung auseinandersetzt, in der rehabilitativen Arbeit könne noch einmal von einer unbeschwerten Position aus neu begonnen werden. Prägnant benennt er die Gefahren, die diesem „Mythos vom Neuanfang" innewohnen: Sie beruhen auf der illusionären Hoffnung, dass eine unbelastete dyadische Beziehung zwischen Lehrer und Kind möglich sei. Die „goldene Fantasie" träumt von einem ungestörten Urzustand, in dem noch nichts Böses geschehen ist, es keine Verletzungen, Enttäuschungen und Kränkungen gibt und sich beide Seiten unschuldig fühlen können. Diese Fantasie führt unweigerlich zu archaischen Rettungs- und Erlösungswünschen, die der Wirklichkeit nicht standhalten. Sie lässt sich nur aufrechterhalten, indem das Realitätsprinzip außer Kraft gesetzt wird – also eine Fixierung auf den eigenen Fantasieraum erfolgt, die mit einer Immunisierung gegenüber den Fakten und Gesetzen der äußeren Realität einhergeht.

Nicht ohne Besorgnis darf gefragt werden, wie viel von einer „goldenen Fantasie" in dem bisher beschriebenen radikalen Inklusionsbegehren enthalten ist. Lehrerinnen und Lehrer jedenfalls, die einen solchen Neuanfang für möglich halten, trauen sich zu, eine Aufgabe zu lösen, die bisher nicht zu bewältigen war. Dazu müssen sie mit außerordentlichen Kräften ausgestattet sein. Und zudem auf einen institutionellen Rahmen vertrauen, der dieser Kraftentfaltung nicht im Wege steht. Der Glaube an den Ressourcen-Ansatz hilft ihnen dabei. Er verspricht eine Vorwärtsgerichtetheit, die nicht durch die Last der Vergangenheit gestört wird, den Zugriff auf bisher unerkannte oder nur von außen gehemmte Stärken, das Wegfallen von Grenzen, die auf defizitäre Betrachtungsweisen zurückgeführt werden. Gleichermaßen bedarf es eines extremen Vertrauens in die Ressourcen und Selbstheilungskräfte der den Pädagogen anvertrauten Kinder und ihrer Bezugspersonen. Um die „goldene Fantasie" nicht zu stören, müssen sie zu kompetenten Erziehungspartnern, Konstrukteuren ihrer Entwicklung oder Experten ihres Lebens erhoben werden.

Dabei geht es, das sei noch einmal betont, nicht um eine moderate Idealisierung, die sich bei der Bewältigung neuer Aufgaben als ein hilfreicher, wenn nicht sogar unabdingbarer Begleiter erweisen kann. Im Mittelpunkt der Kritik steht vielmehr eine überaus mächtige Idealisierung, wenn nicht gar Idolisierung, deren Schicksal absehbar ist. Sie kann von beiden Seiten – den Lehrern wie den Schülern – nur über eine begrenzte Zeit aufrechterhalten werden. Solange sie unbewusst bleibt, türmen sich hinterrücks unausbleibliche Enttäuschungen und Kränkungen auf, die sich sodann umso heftiger ihren Weg bahnen. An die Stelle einer unbeschwerten, weil realitätsfernen Idealisierung treten überraschend Konflikte und Verstrickungen, die als überfordernd erlebt werden und häufig kaum noch lösbar erscheinen. Das „dyadische Einvernehmen des schönen Neuanfangs zerbricht" (von Freyberg 2009, 42). Es wird von mächtigen negativen Affekten begleitet, die zunehmend an Dominanz gewinnen. Vorwürfe, Rache-, Vergeltungs- und Entwertungswünsche manifestieren sich. Sie können sich gegen die eigene Person richten oder auch auf andere erstrecken. Ein resignativer Rückzug ist eine der zu erwartenden Folgen, eine andere besteht in einer anklagenden Haltung der Außenwelt gegenüber. Die institutionellen Bedingungen pädagogischer Arbeit eignen sich dabei hervorragend als eine Projektionsfläche, die der eigenen Entlastung dient. Damit schließt sich der Kreis: Die Destruktivität einer überzogenen Idealbildung ist deutlich zu Tage getreten, aufgrund einer Dynamik, die vielfach beschrieben wurde und seit langem bekannt ist (z. B. Schmidbauer 1987).

Mit anderen Worten: Weil sich eine Auseinandersetzung mit der Vergangenheit und dem lebensgeschichtlich Vorgegebenem kaum vermeiden lässt, „gerät die Chance des Neuanfangs meist nur zur Chance der Neuinszenierung des Altbekannten – verbunden mit dem Überraschungseffekt für die Professionellen, die sich zum Schutz ihrer Illusion ahnungslos und wehrlos gehalten haben. Es gehört wohl zur schwarzen Seite der pädagogischen Sisyphos-Arbeit, dass auf diese Illusion immer wieder zurückgegriffen wird, denn Sisyphos ist gottverlassen und mutterseelenallein" (von Freyberg 2009, 44 f.).

Der Ressourcen-Ansatz, mitunter fast beschwörend als Kraftquelle angepriesen, spielt dabei eine bedenkliche Rolle. Angetreten mit dem Versprechen, er sei ein entscheidendes Mittel zur Eroberung neuer pädagogischer Räume, bietet er in Wirklichkeit ein unzureichendes Rüstzeug zur Lösung dieser Aufgabe. Er reduziert die Komplexität des Handlungsfeldes über die Maßen, setzt die Dialektik von Stärken und Schwächen außer Kraft und tilgt konflikthafte Verstrickungen aus der Theoriebildung. Zum „Mythos vom Neuanfang" leistet er einen wesentlichen Beitrag und auch dazu, dass „goldene Fantasien" entstehen. Wenn sie sich auflösen oder zerbrochen sind, ist ein tristes Ergebnis absehbar, mit Schüler, Eltern und Lehren, die ratlos, enttäuscht und desillusioniert zurück bleiben.

9

Abschließende Überlegungen

Die bisherigen Ausführungen haben sich mit Themenkomplexen und Fragestellungen auseinandergesetzt, die gegenwärtig im (schulischen) Umgang mit behinderten Menschen von besonderer Bedeutung sind. Sie beziehen sich, unter Akzentuierung der Vielfalt von Behinderungen, auf schulorganisatorische und schulstrukturelle Rahmenbedingungen des pädagogischen Handelns, die den aktuellen Fachdiskurs entscheidend prägen. Nach der Integration ist nunmehr die Inklusion das zentrale Thema, die in ihrer radikalen Fassung zu einer ungeteilten Gemeinsamkeit alle Kinder führen soll. Dabei tut sich ein bemerkenswertes Spannungsfeld auf – und das ist noch eine harmlose Formulierung. Speck (2010, 7) spricht von einem „ideologischen *Minenfeld*", das zu betreten, gewagt sein kann. Unrecht hat er damit nicht: Die Diskussion um die Inklusion ist affektiv erheblich aufgeladen und in einer Weise emotionalisiert, die eine unvoreingenommene Urteilsbildung behindert.

Auf der einen Seite findet sich ein hoch besetztes Inklusionsbegehren, das in der Gefahr steht, in Absolutheits- und Totalitätsansprüche

zu verfallen. Demnach gibt es nur noch einen einzigen richtigen Weg:
Den der Schule für alle, an dem Zweifel schon deshalb unzulässig sind,
weil sie sich gegen ein menschenrechtliches Grundprinzip richten würden. Endlich sei es möglich, sich auf den „Weg zu einem humanen Bildungswesen" (Sander 2008, 342) zu machen, so lautet eine der zentralen
Losungen. Ihre Selbstgewissheit zieht sie aus der festen Überzeugung,
dass sich eine größtmögliche Vielfalt für alle Kinder fruchtbringend
auswirken wird – ausnahmslos, unter allen Umständen und zu allen
Zeiten. Und auch daraus, dass erst mit einem gemeinsamen Unterricht
ein wirklich guter Unterricht entstehen kann. Dieser Unterricht soll zugleich für alle Schüler umfassend gerecht sein, unterschiedlichste Benachteiligungen aufheben oder zumindest entscheidend relativieren,
Gemeinsamkeit herstellen und Individualität fördern, mit einer intensiven Zuwendung zu jedem einzelnen Kind und einer bestmöglichen
Entwicklung aller Beteiligten.

Dem stehen – auf dem anderen Pol – eher nüchterne Einschätzungen und Bewertungen gegenüber. Sie beziehen sich auf eine uneindeu-
tige empirische Befundlage, die keinem schulischen System durch-
gängige Vorteile attestiert. Systemfaktoren haben demnach nicht die
überragende Bedeutung, die ihnen zugeschrieben wird. Insofern ist
auch nicht gesichert, mitunter sogar unwahrscheinlich, dass alle Kinder von einer inklusiven Beschulung profitieren können. Verschiedene
Autoren befürchten, dass es dadurch zu einer erneuten Vernachlässigung bestimmter Personengruppen kommen wird. Angesichts weitgehend diffuser didaktischer Vorstellungen und unklarer Konzeptbildun-
gen ist dies nicht weiter verwunderlich. Diesbezügliche „Fortschritte
sind" nämlich, wie Speck (2010; Klappentext) konstatiert, „bisher eher
in der Rhetorik als in der Praxis zu verzeichnen". Noch grundsätzliche-
re Zweifel kommen hinzu: Die Inklusion wird als ein Ansatz kritisiert,
der totalitäre Züge in sich birgt und persönliche Freiheitsrechte ein-
schränkt. Die Vielfalt und Unterschiedlichkeit von Kindern könne auch
unter anderen institutionellen Bedingungen anerkannt werden. Die
UN-Konvention sei für diese Möglichkeit, wie sich ihren Begleittexten
entnehmen lässt, durchaus offen.

Weiterhin wurden einige zumeist explizite, mitunter aber auch im-
plizite Leitlinien des sonderpädagogischen Handelns dargestellt und
analysiert. Sie sind teilweise eng an die Integrations- beziehungswei-

se Inklusionsidee gebunden: So die Leitlinie, „es sei normal, anders zu sein", und ein Dekategorisierungsbegehren, das in skeptischer Distanz zur sonderpädagogischen Begrifflichkeit steht oder sie sogar gänzlich abschaffen möchte. Der Ressourcen-Ansatz ist damit kompatibel. Mit seinem einseitigen Bezug auf die Stärken des Kindes wie seines Umfeldes wirkt er mitunter wie ein weiteres Zauberwort, das ein neues pädagogisches Zeitalter einläuten soll. Verbunden mit der Vorstellung, nunmehr können in fast idealer Weise all das überwunden werden, was gegenwärtig als misslich gilt.

Eine institutionelle Entdifferenzierung, die nur noch eine Einheitslösung zulässt, und theoretische Simplifizierungen, die bestehenden Widersprüchlichkeiten nicht standhalten, das sollen die vorwärts treibenden Kräfte der Inklusion sein. Ihr gemeinsames großes Thema ist die Nivellierung von Differenzen, die als ungerecht und unerträglich empfunden werden. Darüber kann ein auch noch so vehementes Bekenntnis zu einer befruchtenden Vielfalt nicht hinwegtäuschen. Insbesondere dann nicht, wenn Kinder mit Behinderung vornehmlich als gesellschaftliche Minderheit angesehen werden. Die damit obsiegende soziologische und sozialpolitische Sichtweise beinhaltet, dass die Person in ihrer Komplexität und inneren Widersprüchlichkeit immer mehr in den Hintergrund gerät. Eine zielgerichtete Aufmerksamkeit wird ihr entzogen, nicht zufälligerweise, sondern systematisch und absichtsvoll angelegt. Für die im radikalen Inklusionsentwurf enthaltene Entsorgung Differenz bildender Kategorien ist deshalb ein hoher Preis zu zahlen.

Vieles an der Inklusionsdiskussion erinnert an die bereits Jahrzehnte zurückliegende Debatte um die „neue Einfachheit". Damals, zu Beginn der längst überfälligen Psychiatriereform, haben Dörner und Plog (1978) den Versuch unternommen, seelische Erkrankungen dem Alltagsleben näher zu bringen. Sie entwarfen ein Modell der persönlichen Begegnung, das zu einer Normalisierung führen sollte: in zwischenmenschlichen Beziehungen ebenso wie im Verhältnis psychisch kranker Menschen zu sich selbst. Die angestrebten Beziehungsmodi des „normalen" Miteinanders waren keine, die eine Professionalität im engeren Sinne voraussetzen. Im Gegenteil: Sie sollten als offene Begegnung so gefasst sein, dass sie in unterschiedlichsten Lebenszusammenhängen greifen können. Spezialisierte Behandlungen, wie etwa psychotherapeutische

Verfahren, waren verpönt, als besondernde und aus dem Lebensalltag separierende Mittel.

Somit rückt ganz Unterschiedliches nahe zusammen: Schwere Depressionen und leichte Verstimmungen, schizophrene Verwirrtheit und minimale Versponnenheit, neurotisches Gefangensein und harmlose Beklommenheit. Die Lösung für jedes dieser Probleme soll unisono in einem möglichst vorurteilsfrei gestalteten, alle Patienten umfassenden Beziehungsraum liegen, der vor allem durch mitmenschliche Werte und das Vertrauen auf die „heilenden" Kräfte der Normalität geprägt ist. Die Besinnung auf das Gute im Menschen bildet dafür die Grundlage; der damit verbundene moralische Anspruch (besser wohl: eine moralisierende Ansprüchlichkeit) ist beträchtlich.

Finzen (1981) kritisiert diese differenzarme Welt als „neue Einfachheit", die einen Totalitätsanspruch beinhaltet und Abgrenzungen nicht mehr zulässt. Die Nähe zu Teilen der heutigen Inklusionsdebatte ist dabei frappierend. Viele der Argumentationslinien gleichen sich, die dem Inklusionsbegehren zugrunde liegenden Desiderate sind mit der damaligen „neuen Einfachheit" durchaus kompatibel. Heute allerdings spricht niemand mehr davon, die versprochenen Erfolge blieben aus, die Lebenspraxis hat diese Entwicklung überholt. Es lohnt sich aber dennoch, Finzens Text auch heute noch zu lesen. „Die neue Einfachheit bagatellisiert das Leiden der Betroffenen, indem sie es normalisiert", so lautet sein Resümee (Finzen 1981, 20).

Der Umgang mit Behinderung muss von einer möglichst unvoreingenommenen Position aus so gestaltet werden, dass die betroffenen Kinder einen bestmöglichen Entwicklungsweg einschlagen können, in der Schule wie in ihrem späteren Leben. Die Frage danach, was sie für eine gute Entwicklung brauchen, stellt demnach das unumstößliche Leitprinzip (sonder)pädagogischer Arbeit dar. Diese Frage erfordert eine ebenso unideologische wie unbestechliche Antwort. Sie muss alle möglichen Wege in Betracht ziehen, die für einzelne Kinder sinnvoll sein können. Auch dann, wenn sie unkonventionell erscheinen oder hehren Prinzipien widersprechen, die für allgemein verbindlich gehalten werden.

Unstrittig ist es, dass die Gemeinsamkeit von Kindern mit und ohne Behinderung einen hohen Wert darstellt. Kinder mit Behinderung sollten möglichst weitgehend am gesellschaftlichen Leben partizipieren.

Oder genauer formuliert: An den für sie relevanten Segmenten, so wie dies für jeden anderen Menschen auch gilt. Eine Einschränkung von Bildungsangeboten, die Entwicklungspotenziale fesselt, ist fatal. Insofern sollte auch eine schulische Integration immer dann erfolgen, wenn sie pädagogisch verantwortlich ist. Eine Erhöhung der Integrationsquoten kann für viele Kinder mit Behinderung von Vorteil sein, gleichwohl dürften Differenzierung und Trennung nicht zu verbotenen Kategorien werden.

Eine unverrückbare Gemeinsamkeit aller darf niemandem aufgezwungen werden, dem dies absehbar nicht gut tut. Zu einer demokratischen Gesellschaft gehört es auch, dass Absolutheitsansprüche zurückgewiesen werden können, die nur noch die eigenen Vorstellungen gelten lassen wollen. Wahlmöglichkeiten, die individuelle Freiräume eröffnen, müssen erhalten bleiben, für Eltern und die Schüler selbst.

Einen Vorteil hat die aktuelle Inklusionsdiskussion ganz sicher: Sie fordert alle Beteiligten dazu auf, Bisheriges zu überdenken und eigene Positionen zu klären. Am Ende dieses Prozesses kann stehen, dass sich die einzelnen sonderpädagogischen Disziplinen stärker als zuvor profilieren, durchaus zu ihrem eigenen Gewinn und zum Nutzen behinderter Kinder. Dann mag deutlicher hervortreten, was sie zu leisten vermögen und was nicht, wo zwingende Veränderungsnotwendigkeiten existieren und was es an Bewährtem zu sichern gilt. Auch institutionelle Differenzierungen könnten somit eine vertiefte Begründung erfahren, sei es in Form von Sonderschulen, als Kleinklassen oder temporäre Lerngruppen. Die Ausführungen zum Normalitätsprinzip, zur Dekategorisierung, dem Ressourcenansatz, den Grenzen des Möglichen und der goldenen Fantasie haben darüber hinaus auf problematische fachliche Entwicklungen verwiesen und gezeigt, dass hierzu ein erheblicher Klärungsbedarf besteht.

Inwieweit und in welcher Weise sich unterschiedliche schulische Erfahrungswelten auf das spätere nachschulische Leben auswirken, das wissen wir nicht genau. Ein segregiertes Schulsystem muss nicht zwangsläufig zu einer mangelnden Integration im Erwachsenenalter führen, ebenso wenig wie ein gemeinsames Lernen eine spätere Teilhabe am gesellschaftlichen Leben sichert. Im Sinne der PISA-Studie erfolgreiche Länder haben mitunter erhebliche Probleme im beruflichen Übergang, schlichtweg deswegen, weil es an Lehr- und Arbeitsplätzen

111

fehlt. In anderen, weniger erfolgreichen Ländern sieht dies ganz anders aus. Der Einfluss, den das Schulsystem darauf hat, ist also durchaus begrenzt – bei behinderten wie bei nicht-behinderten Schülern.

Lebensgeschichtlich stellt die Schule einen der wichtigsten kindlichen Erfahrungsräume dar. Man soll sich aber keinen Illusionen hingeben: Ein Ort freier Selbstbestimmung ist sie nicht, sondern eine Einrichtung, die intentionalen Zwecken dient. Die Vorbereitung auf das Erwachsenenleben ist wie eh und je ihr wesentliches Ziel, Berufstätigkeit und berufliche Integration spielen dabei eine entscheidende Rolle. Die zukünftigen Lebensperspektiven richten sich nach den vergebenen Schulabschlüssen (oder anders definierten Qualifikationskriterien), das kann gar nicht anders sein. Die unterschiedliche Leistungsfähigkeit von Schülern führt zwangsläufig, auch in einem integrativen oder inklusiven System, zu internen Differenzierungen und einer Stufung von Schülern. Die viel beklagten Grenzen der bisherigen Integration beruhen unter anderem darauf. Sie treten über den Primarbereich hinausgehend umso deutlicher hervor, je stärker die Leistungsschere zwischen Schülern aufgeht. Daran ändert auch eine gemeinsame Unterrichtung aller Schüler nichts: Auswahl und Differenzierung ist ein unvermeidbarer, gesellschaftlich so gewollter und zu bejahender Effekt von Schule. Den inneren Widersprüchlichkeiten, die dadurch entstehen, muss sich die Schule stellen. Grundsätzlich entgehen kann sie ihnen nicht, auch nicht durch den Verweis auf die zu begrüßende Vielfalt von Schülern.

Gegenwärtig besteht die weit verbreitete Sorge, Kinder dadurch zu schädigen, dass sie institutionell voneinander getrennt werden. Die gegen eine solche Differenzierung ins Feld geführten Bedenken wurden im bisherigen Text ausführlich dargelegt. Sie nähren sich aus sehr unterschiedlichen Quellen. Ein wichtiger, bisher nur unzureichend beachteter Aspekt soll abschließend herausgegriffen werden. Er bezieht sich auf die persönliche Beziehungsgestaltung und innere Verarbeitungsprozesse, die mit Trennungen verbunden sind.

Institutionen stellen den äußeren Rahmen dafür bereit, dass Trennungen zwischen Schülern und Lehrern möglich werden. Bei aller Eigendynamik, die sie entwickeln können, sind es jeweils konkrete Personen, die die entsprechenden Entscheidungen treffen. In der Verantwortung von Lehrern und Schulaufsicht liegt es, ob die bestehenden Angebote genutzt werden oder nicht. Davon wird sich niemand freisprechen können, auch dann nicht, wenn ungünstige Arbeitsbedingungen Trennungen forcieren sollten.

Der äußere Druck auf diejenigen, die Trennungen befürworten und herbeiführen, ist erheblich. Sie sehen sich vielfach dem Vorwurf ausgesetzt, Kindern Schlimmes anzutun, sie in eine benachteiligende, schädigende und letztlich menschlich unverantwortliche Position zu bringen. Die allgegenwärtigen Vokabeln des Aussortierens oder Aussonderns zeugen davon. Ich komme darauf zurück. Doch das ist nur die eine Seite: Vieles spricht dafür, dass diese äußere Realität zeittypisch auf einen besonders aufnahmebereiten inneren Resonanzboden stößt. (Schulische) Differenzierungen und Trennungen werden auch ohne äußeren Druck häufig als schwer erträglich erlebt. Sie gelten als im Grunde unnötige Zumutungen. Schnell mutieren sie aus inneren Gründen zu einem Schuld erregenden Phänomen, sie werden – in harter Formulierung – zum Verbotenen und Bösen schlechthin.

Eine Sonder-, Integrations- oder Inklusionspädagogik, die ihre Aufgabe als Erziehung unter erschwerten Bedingungen ernst nimmt, wird nicht umhin kommen, der Beziehungsdimension einen prominenten Platz einzuräumen. Dazu gehört auch, dass die interpersonellen und intrapsychischen Folgen (potenzieller) Trennungen genau betrachtet und analysiert werden. Im Kern ist zwar unbestritten, dass Erziehung immer auch als Beziehungsgeschehen verläuft. Die „Beziehungsarbeit" gilt sogar als ein besonders wichtiger Teil des pädagogischen Handelns, als ein unverzichtbares Desiderat, wie mitunter fast beschwörend hervorgehoben wird. Bedenklich stimmt aber, dass sie nur selten theoretisch untermauert wird und professionell weitgehend uneingelöst bleibt.

Erstaunlicherweise ist eine psychologisch fundierte Auseinandersetzung mit Trennungen im pädagogischen Raum bisher weitgehend unterblieben. Die Folge davon ist, dass sich auf der Beziehungsebene wichtige Differenzierungen verwischen. Jede Art von Trennung gerät somit in die Gefahr, nach dem gleichen Muster beurteilt zu werden. Das ist, wie sich unschwer belegen lässt, in weiten Teilen der einschlägigen sonderpädagogischen Fachliteratur der Fall. Trennungen erscheinen dort primär als ein verantwortungsloser Ausschluss, als ein gewaltsamer und moralisch nicht zu rechtfertigender Akt, der darauf beruht, dass man sich einer Person auf leichtfertige Art und Weise entledigen möchte. Psychoanalytisch betrachtet, handelt es sich dabei um eine Ausstoßung. Diese Kategorie hat Melanie Klein (1962) in einer richtungsweisenden Arbeit eingeführt. Sie bezeichnet eine frühe, noch unreife Trennungsposition, die auf einem überwältigenden inneren Druck beruht, dem das Individuum nicht mehr standhalten kann. Der als überfordernd erlebte Andere muss deshalb entfernt werden, in einem radikalen und archaischen Trennungsakt, der ihn nur noch in einem negativen Bild erscheinen lässt. Gut und böse sind dabei, als Folge von Spaltungsprozessen, klar voneinander getrennt, es gibt nur die eine oder ausschließlich die andere Seite. Was hier fehlt, ist eine vollständige Wahrnehmung der anderen Person, gleichermaßen eine sichernde Distanz, die eine unaufgeregte und abwägende Reflexion der Beziehungsgestaltung ermöglicht.

Der bedenkliche Sprachgebrauch, der sich seit einiger Zeit etabliert hat, erscheint in dieser Perspektive in einem neuen Licht. Er findet sich übrigens nicht nur bei denjenigen, die sich vehement für Integration oder Inklusion einsetzen. „Aussortieren", „Aussondern", „Selektieren" sind zu zentralen, kaum noch hinterfragten Vokabeln des Faches geworden. Es sind Begriffe der Ausstoßung, versehen mit einem diskreditierenden Unterton, hässliche Vokabeln, die unschöne Assoziationen hervorrufen, von Gemeinheit und Unrecht zeugen. Eine Mäßigung in der Sprachwahl würde der fachlichen Auseinandersetzung gut tun. Mit dem Ziel, dass leichtfertige Schuldzuweisungen und Spaltungen unterbleiben, die anders Denkende in die Nähe eines feindlichen Lagers rücken. Die Voraussetzung dafür ist allerdings, dass schulische Trennungsprozesse nicht mehr fast automatengleich mit einem Ausstoßungsmodus assoziiert werden.

Übersehen wird dabei nämlich, dass sich Trennungen auch in einer ganz anderen Form gestalten können. Die zweite Art der Trennung, die M. Klein beschreibt, basiert auf einer reifen Entwicklungsposition. Sie vermag es, das Kind oder den Jugendlichen als ganze Person zu sehen. Ihre unterschiedlichen, durchaus auch widersprüchlichen Facetten können dadurch gleichermaßen in Erscheinung treten. Und auch, dass der institutionelle Rahmen pädagogischer Arbeit jeweils spezifische Vor- und Nachteile aufweisen. Eventuell notwendige Trennungen beruhen dann nicht mehr auf einer unkontrollierten Impulsivität, wie sie für eine Ausstoßung kennzeichnend ist. Sie erfolgen aufgrund einer umfassenden Wahrnehmung, abwägend und nach reiflicher Überlegung. Aus einer solchen gesicherten inneren Überzeugung heraus lässt sich begründen, dass es mitunter notwendig und sinnvoll sein kann, getrennte Wege zu gehen. Verantwortung und Fürsorge können dafür den entscheidenden Hintergrund bilden. Trennungen verlieren dadurch den Schrecken, den sie verbreiten, wenn sie fälschlicherweise allein mit der frühen Ausstoßungsposition identifiziert werden (ausführlich: Ahrbeck 2006).

Es liegt auf der Hand, dass die Differenzierung in unterschiedliche Trennungspositionen für den aktuellen (sonder-)pädagogischen Diskurs von erheblicher Bedeutung ist. Sie sollte deshalb vermehrt in die Reflektion pädagogischer Prozesse einbezogen werden. Als ein Grundpfeiler, der Handlungsoptionen eröffnet, anstatt sie vorschnell zu verschließen.

In diesem Sinne verstehe ich Reiser (1992, 27), der in einer heute kaum noch anzutreffenden Klarheit formuliert: „Ich halte absolut nichts davon, wenn Experten nicht sofort und energisch widersprechen, wenn die Beschulung in einer Sonderschule so dargestellt wird, als sei dies der soziale Tod eines Kindes. Wenn Eltern dies so empfinden, müssen wir bei allem Verständnis für ihre Gefühle und Intentionen über diese Wahrnehmung mit ihnen streiten." Das ist zwanzig Jahre her, an Aktualität hat diese Aussage seitdem nichts verloren. Reiser hat sich entschieden für eine stärkere Integration von Kindern mit Behinderung eingesetzt, ein Ziel, das es nach wie vor zu verfolgen gilt. Mit Augenmass und unter Anerkennung dessen, dass nicht für jeden Menschen die ungeteilte Gemeinsamkeit aller hilfreich ist.

Literatur

Ackermann, K.-E. (2010): Zum Verhältnis von geistiger Entwicklung und Bildung In: Musenberg, O. & Riegert, J. (Hrsg.): Bildung und geistige Behinderung. Bildungstheoretische Reflexionen und aktuelle Fragestellungen. Oberhausen: Athena, 224–244

Ahrbeck, B. (1997): Gehörlosigkeit und Identität. Hamburg: Signum

Ahrbeck, B. (2004): Kinder brauchen Erziehung. Stuttgart: Kohlhammer

Ahrbeck, B. (2006): Das schwierige Kind: Innenwelt, äußere Realität, Verhaltensgestörtenpädagogik. In: Ahrbeck, B. & Rauh, B. (Hrsg.): Der Fall des schwierigen Kindes. Therapie, Diagnostik und schulische Förderung verhaltensgestörter Kinder und Jugendlicher. Weinheim: Beltz, 17–37

Ahrbeck, B. (2010): Innenwelt: Störung der Person und ihrer Beziehungen. In: Ahrbeck, B. & Willmann, M. (Hrsg.): Pädagogik bei Verhaltensstörungen. Ein Handbuch. Stuttgart: Kohlhammer, 138–147

Ahrbeck, B. & Rauh, B. (2010): Innere und äußere Armut. Überlegungen zur Weiterentwicklung der Pädagogik bei Lernbeeinträchtigungen. In: Sonderpädagogische Förderung heute 55 (Jg.), H. 3, 287–304

Ahrbeck, B. & Willmann, M. (2010a): Pädagogik bei Verhaltensstörungen. Ein Handbuch. Stuttgart: Kohlhammer

Ahrbeck, B. & Willmann, M. (2010b): „Verhaltensstörungen" als Konstrukt des Beobachters? Kritische Anmerkungen zu systemisch-konstruktivistischen Perspektiven in der „Pädagogik bei Verhaltensstörungen". In: Ahrbeck, B., Eggert-Schmid Noerr, A., Finger-Trescher, U. & Gstach, J. (Hrsg.): Psychoanalyse und Systemtheorie in Jugendhilfe und Pädagogik. Gießen: Psychosozial, 103–123

Ahrbeck, B., Lehmann, R., Fickler-Stang, U., Kretschmer, A. & Maué, E. (2009): ENEBS. Evaluationsstudie des Netzwerks Berliner Schülerfirmen. Kiel: Buchwerft

Balint, M. (1990): Regression. Therapeutische Aspekte und die Theorie der Grundstörung. Stuttgart: dtv (zuerst: 1970)

Barow, Th. (2010): Globale Konferenz über inklusive Bildung in Salamanca. In: Zeitschrift für Heilpädagogik 61 (Jg.), H. 1, 42

Barow, Th. & Persson, B. (2011): Die Sonderpädagogik in der bildungspolitischen Debatte Schwedens. In: Sonderpädagogische Förderung heute 56 (Jg.), H. 1, 20–32

Beck, I. (2006): Normalisierung. In: Antor, G. & Bleidick, U. (Hrsg.): Handlexikon der Behindertenpädagogik. Schlüsselbegriffe aus Theorie und Praxis. Stuttgart: Kohlhammer, 105–108

Benkmann, R. (1994): Dekategorisierung und Heterogenität – Aktuelle Probleme schulischer Integration von Kindern mit Lernschwierigkeiten in den Vereinigten Staaten und der Bundesrepublik. In: Sonderpädagogik 24 (Jg.), H. 1, 4–13

Bernfeld, S. (2000): Sisyphos oder die Grenzen der Erziehung. Frankfurt a. M.: Suhrkamp (zuerst: 1925)

Bleidick, U. (1999): Kann Integration von Grundschulkindern mit Behinderungen im Lernen, mit Sprachproblem und Verhaltenauffälligkeiten gelingen? In: Die neue Sonderschule 44 (Jg.), H. 2, 124–137

Bleidick, U. (2006): Behinderung. In: Antor, G. & Bleidick, U. (Hrsg.): Handlexikon der Behindertenpädagogik. Schlüsselbegriffe aus Theorie und Praxis. Stuttgart: Kohlhammer, 79–81

Brenner, P. (2006): Schule in Deutschland. Ein Zwischenzeugnis. Stuttgart: Kohlhammer

Brenner, P. (2009): Wie Schule funktioniert. Schüler, Lehrer und Eltern im Lernprozess. Stuttgart: Kohlhammer

Burzan, N., Lökenhoff, B., Schimank, U. & Schöneck, N. M. (2008): Das Publikum der Gesellschaft. Inklusionsverhältnisse und Inklusionsprofile in Deutschland. Wiesbaden: Verlag für Sozialwissenschaften

Bussmann, K.-D. (2007): Gewalt in der Familie. In: Ecarius, J. (Hrsg.): Handbuch Familie. Wiesbaden: Verlag für Sozialwissenschaften, 637–652

Cohen, Y. (2004): Das mißhandelte Kind. Ein psychoanalytisches Konzept zur integrierten Behandlung von Kindern und Jugendlichen. Frankfurt a. M.: Brandes & Apsel

Dörner, K. & Plog, U. (2002): Irren ist menschlich. Oder Lehrbuch der Psychiatrie/Psychotherapie. Bonn: Psychiatrie Verlag (zuerst: 1978)

EADSNE (European Agency for Development in Special Needs Education) (2003): Special Education across Europe in 2003. Trend in provision in 18 European countries. www.european – agency.org

Eberwein, H. (2000): Verzicht auf Kategoriesysteme in der Integrationspädagogik. In: Albrecht, F., Hinz, A. & Moser, V. (Hrsg.): Perspektiven der Sonderpädagogik. Neuwied: Luchterhand, 95–106

Ellger-Rüttgardt, S. (2008): Geschichte der Sonderpädagogik. München: Reinhardt

Feuser, G. (2008): Erkennen und Handeln. Integration muss gründlich gedacht und umgesetzt werden. In: cisOnline: Erkennen und Handeln. Tagung in Reutte 2008. www.cisonline.at/index.php?id=325&L=de. entnommen: 28.10.2010

Felten, M. (2010): Auf den Lehrer kommt es an! Für eine Rückkehr der Pädagogik in die Schule. Gütersloh: Gütersloher Verlagshaus

Fingerle, M. (2010): Risiko- und Resilienzfaktoren der kindlichen Entwicklung. In: Ahrbeck, B. & Willmann, M. (Hrsg.): Pädagogik bei Verhaltensstörungen. Ein Handbuch. Stuttgart: Kohlhammer, 121–128

Finzen, A. (1981): Die neue Einfachheit oder die Entprofessionalisierung der Psychiatrie. In: Sozialpsychiatrische Informationen 11 (Jg.), H. September, 5–20

Freyberg, Th. von (2009): Tantalos und Sisyphos in der Schule. Zur strukturellen Verantwortung der Pädagogik. Frankfurt a. M.: Brandes & Apsel

Freyberg, Th. von & Wolf, A. (2005/2006): Störer und Gestörte. 2 Bd. Frankfurt a. M.: Brandes & Apsel

Gaschke, S. (2003): Die Erziehungskatastrophe. Kinder brauchen starke Eltern. München: Heyne

Goetze, H. (1990): Verhaltensgestörte in Integrationsklassen – Fiktionen und Fakten. In: Zeitschrift für Heilpädagogik 41 (Jg.), H. 12, 832–840

Goffman, E. (1973): Asyle. Über die soziale Situation psychiatrischer Patienten und anderer Insassen. Frankfurt a. M.: Suhrkamp

Glofke-Schulz, E.-M. (2008): Perspektiven der Behinderungsverarbeitung und Identitätsentwicklung im Lichte einer tiefenpsychologischen und ressourcenorientierten Sichtweise – dargestellt am Beispiel der Sehschädigung. Gießen: Psychosozial

Glofke-Schulz, E.-M. (2009): Mit Behinderungen leben – voneinander lernen. Perspektiven der Behinderungsverarbeitung, Identitätsentwicklung und Partizipation aus psychologischer Sicht. In: Sonderpädagogische Förderung heute 54 (Jg.), H. 2, 231–243

Haeberlin, H., Bless, G., Moser, U. & Klaghofer, R. (1991): Die Integration von Lernbehinderten: Versuche, Theorien, Erforschungen, Enttäuschungen, Hoffnungen. Bern: Haupt

Hauser, S. T., Allen, J. P. & Golden, E. (2006): Out of the woods. Tales of resilient teens. London: Harvard University Press

Heisig, K. (2010): Das Ende der Geduld. Konsequent gegen jugendliche Gewalttäter. Freiburg i. Br.: Herder

Heller, K. (2010): Ideologische Irrtümer und Fakten um die Grundschule. In: FAZ 21.1.2010, Nr. 17, 8

Hildeschmidt, A. & Sander, A. (1996): Zur Effizienz der Beschulung sogenannter Lernbehinderter in Sonderschulen. In: Eberwein, H. (Hrsg.): Handbuch Lernen und Lern-Behinderung. Weinheim: Beltz, 115–134

Hiller, G. G. (2010): Förder- und Sonderschulen in Deutschland – ein Überblick über Bedingungen und Herausforderungen. In: Sonderpädagogische Förderung heute 55 (Jg.), H. 4, 398–417

Hinz, A. (1998): Pädagogik der Vielfalt – ein Ansatz auch für Schulen in Armutsgebieten? Überlegungen zu einer theoretischen Weiterentwicklung. In: Hildeschmidt, A. & Schnell, I. (Hrsg.): Integrationspädagogik. Auf dem Weg zu einer Schule für alle. Weinheim: Juventa, 127–144

Hinz, A. (2006): Inklusion. In: Antor, G. & Bleidick, U. (Hrsg.): Handlexikon der Behindertenpädagogik. Schlüsselbegriffe in Theorie und Praxis. Stuttgart: Kohlhammer, 97–99

Hinz, A. (2009): Inklusive Pädagogik in der Schule – veränderter Orientierungsrahmen für die schulische Sonderpädagogik!? Oder doch deren Ende? In: Zeitschrift für Heilpädagogik 60 (Jg.), H. 5, 171–179

Hinz, A., Katzenbach, D., Rauer, W., Schuck, K. D., Wocken, H. & Wudtke, H. (1998): Die Integrative Grundschule im sozialen Brennpunkt. Ergebnisse eines Hamburger Schulversuchs. Hamburg: Hamburger Buchwerkstatt

Hogger, B. (2010): Lösungs- und ressourcenorientierte Pädagogik. Baltmannsweiler: Schneider Verlag Hohengehren

Honneth, A. (1994): Kampf um Anerkennung. Zur moralischen Grammatik sozialer Konflikte. Frankfurt a. M.: Suhrkamp

Huber, Ch. (2006): Soziale Integration in der Schule!? Marburg: Tectum Verlag

Huber, Ch. (2009): Gemeinsam arbeiten? Empirische Befunde und praxisrelevante Ableitungen zur sozialen Integration mit Sonderpädagogischem Förderbedarf im Gemeinsamen Unterricht. In: Zeitschrift für Heilpädagogik 60 (Jg.), H. 7, 242–248

Kastner, H. (2009): Täter Väter. Vater als Täter am eigenen Kind. Wien: Überreuter

Katzenbach, D. (2000): Integration, Prävention und Pädagogik der Vielfalt. Anmerkungen zur Konzeption, zum Selbstverständnis und zu den Ergebnissen des Hamburger Schulversuchs Integrative Regelklasse. In: Behindertenpädagogik 39 (Jg.), H. 3, 226–245 l. v.

Katzenbach, D. (2001): Replik auf Hans Wocken: Ist Prävention das Ziel von Integration? In: Behindertenpädagogik 40 (Jg.), H. 3, 401–405

Katzenbach, D. (2010): Bildung und Anerkennung. In: Musenberg, O. & Riegert, J. (Hrsg.): Bildung und geistige Behinderung. Bildungstheoretische Reflexionen und aktuelle Fragestellungen. Oberhausen: Athena, 93–114

Katzenbach, D. & Schroeder, J. (2007): „Ohne Angst verschieden sein können". Über Inklusion und ihre Machbarkeit. In: Zeitschrift für Heilpädagogik 58 (Jg.), H. 6, 202–213 l. v.

Kaufman, J. & Hallahan, D. (2005) (Hrsg.): The Illusion of Full Inklusion. Austin/Texas: pro·ed

Klauß, Th. & Lamers, W. (2010): Bildung für Menschen mit geistiger Behinderung – ein unvollständig eingelöstes Menschenrecht. In: Musenberg, O. & Riegert, J. (Hrsg.): Bildung und geistige Behinderung. Bildungstheoretische Reflexionen und aktuelle Fragestellungen. Oberhausen: Athena, 302–323

Klein, M. (2001): Das Seelenleben des Kleinkindes und andere Beiträge zur Psychoanalyse. Stuttgart: Klett-Cotta (zuerst: 1962)

KMK (Kultusministerkonferenz) (2010): Sonderpädagogische Förderung in Schulen 1999 bis 2008. Statistische Veröffentlichungen der Kultusministerkonferenz, Dokumentation Nr. 189 – März 2010. URL: http: www.kmk.org/statistik/schule/statistiken/sonderpaedagogische-foerderung-in-schulen.html

Knebel, U. von (2010): Auf dem Weg zu einer inklusionstauglichen Diagnostik. In: Sonderpädagogische Förderung heute 55 (Jg.), H. 3, 231–251

Kobi, E. (2008): Alternative Integration als integrierte Alternative? In: Heilpädagogik online. 2, 13–29

Lenz, A. (2000): Förderung sozialer Ressourcen – eine gemeindepsychologische Perspektive. In: Gruppendynamik 31 (Jg.), H. 3, 277–302

Leuzinger-Bohleber, M. (2009): Frühe Kindheit als Schicksal. Trauma, Embodiment, Soziale Integration. Psychoanalytische Perspektiven. Stuttgart: Kohlhammer

Lindmeier, B. (2005): Kategorisierung und Dekategorisierung in der Sonderpädagogik. In: Sonderpädagogische Förderung 50 (Jg.), H. 2, 131–149

Lindmeier, B. (2009): Auswirkungen der „UN-Konvention über die Rechte von Menschen mit Behinderungen" auf Einrichtungen der Behindertenhilfe. In: Sonderpädagogische Förderung 54 (Jg.), H. 4, 395–409

Lindmeier, B. (2010): Zur Geschichte der Verhaltensgestörtenpädagogik als universitäre Disziplin. In: Ahrbeck, B. & Willmann, M. (Hrsg.): Pädagogik bei Verhaltensstörungen. Ein Handbuch. Stuttgart: Kohlhammer, 21–26

Lindmeier, Ch. (2009): Sonderpädagogische Lehrerbildung für ein inklusives Schulsystem? In: Zeitschrift für Heilpädagogik 60 (Jg.), H. 10, 416–427

Lissabon-Erklärung (2007): www.european-agency.org/publications/flyers/ lisbon-declaration-young-peoples-view-on-inclusive-education/declaration_ de.pdf. entnommen: 9.11.2010

Mahnke, U. (2002): Integration in den neuen Bundesländern. In: Eberwein, H. & Knauer, S. (Hrsg.): Integrationspädagogik. Weinheim: Beltz, 485–494 l.v.

Markowetz, R. (2004): Alle Kinder alles lehren! Aber wie? In: Schnell, I. & Sander, A. (Hrsg.): Inklusive Pädagogik. Bad Heilbrunn: Klinkhardt, 167–186

Niedecken, D. (2000): Vorwort zur deutschen Ausgabe. In: Sinason, V. (Hrsg.): Geistige Behinderung und die Grundlagen des menschlichen Seins. Neuwied: Luchterhand, 6–9

Palmowski, W. (2007): Nichts ohne Kontext. Systemische Pädagogik bei „Verhaltensauffälligkeiten". Dortmund: Borgmann

Prengel, A. (2006): Pädagogik der Vielfalt. Verschiedenheit und Gleichberechtigung in Interkultureller, Feministischer und Integrativer Pädagogik. Wiesbaden: Verlag für Sozialwissenschaften

Preuss-Lausitz, U. (1991): Erforschte Integration. Das wohnortnahe Modell der Uckermark-Grundschule auf dem Prüfstand. In: Heilpädagogische Forschung, Bd. 17, H. 1, 50–60 l.v.

Preuss-Lausitz, U. (1993): Die Kinder des Jahrhunderts. Zur Pädagogik der Vielfalt im Jahr 2000. Weinheim: Beltz

Preuss-Lausitz, U. (2002): Integrationsforschung. Ansätze, Ergebnisse und Perspektiven. In: Eberwein, H. & Knauer, S. (Hrsg.): Integrationspädagogik. Kinder mit und ohne Beeinträchtigung lernen gemeinsam. Ein Handbuch. Weinheim: Beltz, 458–470 l.v.

Reiser, H. (1992): Wege und Irrwege zur Integration. In: Sander, A. & Raidt, P. (1992): Integration und Sonderpädagogik. Saarbrücker Beiträge zur Integrationspädagogik. Bd. 6, Ingbert: Werner J. Röhrig Verlag, 13–33

Reiser, H. (1997): Lern- und Verhaltensstörungen als gemeinsame Aufgabe von Grundschul- und Sonderpädagogik unter dem Aspekt der pädagogischen Selektion. In: Zeitschrift für Heilpädagogik 48 (Jg.), H. 7, 266–275

Reiser, H. (2003): Vom Begriff der Integration zum Begriff der Inklusion – Was kann mit dem Begriffswechsel angestoßen werden? In: Sonderpädagogische Förderung 48 (Jg.), H. 4, 305–312

Sander, A. (2002): Behinderungsbegriffe und ihre Integrationsrelevanz. In: Eberwein, H. (Hrsg.): Handbuch Integrationspädagogik. Kinder mit und ohne Behinderung lernen gemeinsam. Weinheim: Beltz, 99–108

Sander, A. (2003): Von der Integrationspädagogik zur Inklusionspädagogik. In: Sonderpädagogische Förderung 48 (Jg.), H. 4, 313–329

Sander, A. (2008): Inklusion macht Schule. Ein langer Weg zu einem humanen Bildungswesen. In: Sonderpädagogische Förderung 53 (Jg.), H. 4, 342–353 l. v.

Savater, F. (1998): Darum Erziehung. Was wir Kindern geben können. Frankfurt a. M.: Campus

Schmidbauer, W. (1987): Alles oder nichts. Über die Destruktivität von Idealen. Reinbek: Rowohlt

Schmoll, H. (1999): Teuer und wenig effektiv. In: Frankfurter Allgemeine Zeitung vom 16. 11. 1998, 16

Schöler, J. (2002): Nichtaussonderung von „Kindern und Jugendlichen mit besonderen pädagogischen Bedürfnissen". Auf der Suche nach neuen Begriffen. In: Eberwein, H. (Hrsg.): Handbuch Integrationspädagogik. Kinder mit und ohne Behinderung lernen gemeinsam. Weinheim: Beltz, 108–115

Schöler, J. (2006): Von der Integration zur Inklusion in Europa. www.heinzbrandt-os.cisnet.de/Vortrag_Integration.pdf. entnommen: 2. 12. 2009

Schroeder, J. (2007): Vision II. Lebenslagenorientierte Profilbildung – „Milieusensible Bildungslandschaften" In: Katzenbach, D. & Schroeder, J. (2007): „Ohne Angst verschieden sein können". Über Inklusion und ihre Machbarkeit. In: Zeitschrift für Heilpädagogik 58 (Jg.), H. 6, 210–213

Schröder, U. (1999): Schulische Integration in Italien und die Förderung Lernbehinderter. In: Die neue Sonderschule 44, H. 2, 138–155

Schuck, K.-D., Rauer, W., Hinz, A., Katzenbach, D., Wocken, H. & Wudtke, H. (1999): Integrative Regelklassen arbeiten erfolgreich! In: Gemeinsam leben – Zeitschrift für integrative Erziehung 7 (Jg.), H. 2, 93–94

Schuck, K.-D., Rath, W. & Bleidick, U. (Hrsg.) (1998/1999): Lebenswelten und Behinderung. Bd. 8–12, Hamburg: Feldhaus

Seitz, S. (2008): Leitlinien didaktischen Handelns. In: Zeitschrift für Heilpädagogik 59 (Jg.), H. 6, 226–233

Solarova, S. (1983): Geschichte der Sonderpädagogik. Stuttgart: Kohlhammer

Speck, O. (2006): Internationaler Schulsystem-Vergleich. In: Antor, G. & Bleidick, U. (Hrsg.): Handlexikon der Behindertenpädagogik. Schlüsselbegriffe aus Theorie und Praxis. Stuttgart: Kohlhammer, 40–42

Speck, O. (2010): Schulische Inklusion aus heilpädagogischer Sicht. Rhetorik und Realität. München: Reinhardt

Stoellger, N. (1992): Von der Sonderschule zum sonderpädagogischen Förderzentrum. Tendenzen der Weiterentwicklung des organisierten Systems sonderpädagogischer Förderung in der Schule. In: Zeitschrift für Heilpädagogik 43 (Jg.), H. 7, 445–458

Streeck-Fischer, A. (2010): Wenn der Dialog entgleist. Zum Verständnis von destruktivem Verhalten Jugendlicher aus psychodynamischer Sicht. In: Ahrbeck, B. (Hrsg.): Von allen guten Geistern verlassen? Aggressivität in der Adoleszenz. Gießen: Psychosozial-Verlag, 63–80

Tent, L., Witt, M., Bürger, W. & Zschoche-Lieberum, Ch. (1991): Ist die Schule für Lernbehinderte überholt? In: Heilpädagogische Forschung Bd. 7, H. 1, 3–12

Theis-Scholz, M. (2007): Das Konzept der Resilienz und der Salutogenese und seine Implikationen für den Unterricht. In: Zeitschrift für Heilpädagogik 58 (Jg.), H. 7, 265–275

United Nations (2006): Convention on the Rights of Persons with Disabilities. In: Bundesvereinigung Lebenshilfe: Arbeitsübersetzung. Veröffentlichung 28.3.2007. www.lebenshilfe.de/wDeutsch/aus_fachlicher_sicht/artikel/unkonvention.php. entnommen: 1.12.2009 Internetquelle

Weiß, H. (2010): Kinder in Armut – eine Herausforderung inklusiver Bildung und Erziehung. In: Sonderpädagogische Förderung heute 55 (Jg.), H. 1, 7–27

Werning, R. (2010): Inklusion zwischen Innovation und Überforderung. In: Zeitschrift für Heilpädagogik 61 (Jg.), H. 8, 284–291

Willmann, M. (2007): Die Schule für Erziehungshilfe/Schule mit dem Förderschwerpunkt *Emotionale und Soziale Entwicklung*: Organisationsformen, Prinzipien, Konzeptionen. In: Reiser, H., Willmann, M. & Urban, M. (Hrsg.): Sonderpädagogische Unterstützungssysteme bei Verhaltensproblemen in der Schule – Innovationen im Förderschwerpunkt Emotionale und Soziale Entwicklung. Bad Heilbrunn: Klinkhard, 13–69

Willmann, M. (2011): Inklusion als Menschenrecht – Integration per Gesetz? In: Sonderpädagogische Förderung heute 56 (Jg.), H. 1, 33–50

Winnicott, D. (2006): Reifungsprozesse und fördernde Umwelt. Gießen: Psychosozial-Verlag (zuerst 1974)

Wocken, H. (1997): Schulleistungen in heterogenen Lerngruppen. In: Eberwein, H. (Hrsg.): Handbuch Integrationspädagogik. Kinder mit und ohne Behinderungen lernen gemeinsam. Weinheim: Beltz, 315–320

Wocken, H. (2001): Ist Prävention das Ziel von Integration? Eine kritische Interpretation des Hamburger Schulversuchs Integrative Regelklasse. In: Behindertenpädagogik 40 (Jg.), H. 3, 390–401

Wocken, H. (2006): Integration. In: Antor, G. & Bleidick, U. (Hrsg.): Handlexikon der Behindertenpädagogik. Schlüsselbegriffe in Theorie und Praxis. Stuttgart: Kohlhammer, 99–105

Ziemen, K. & Langner, A. (2010): Inklusion – Integration. In: Musenberg, O. & Riegert, J. (Hrsg.): Bildung und geistige Behinderung. Bildungstheoretische Reflexionen und aktuelle Fragestellungen. Oberhausen: Athena, 247–259